LE NEW YORK DES NEW-YORKAIS

www.editionsduchene.fr

LE NEW YORK DES NEW-YORKAIS

KARIM GEIST

SOMMAIRE

05	Avant-propos		**78**	Le toit du Met
08	Le petit déjeuner		**80**	Les cigares
11	Les bars à cocktails		**83**	Jeans
14	Le Perfect Manhattan		**86**	Au bord de l'eau
16	Le brunch		**89**	Food trucks
20	Les cinémas		**92**	Chinatown
23	Steakhouses		**95**	Rooftops
26	Les sports		**98**	Burgers
29	Sports bars		**101**	Les spas
32	Japonais		**104**	The High Line
35	Oyster happy hours		**107**	Le tour du monde dans l'assiette
38	SoHo		**113**	Dive bars
41	Central Park		**116**	BBQ
44	Les salles de concerts		**119**	Met et Lincoln Center
47	Jazz		**122**	Shopping dans Upper East Side
50	Les desserts		**125**	Se déplacer
53	Les cavistes		**128**	Une adresse par quartier
56	Les bars à vin		**136**	Open 24 hours
59	Les boîtes de nuit			
62	Taste of home			
65	Beer gardens			

Cartes

110	Carte du tour du monde par l'assiette
132	Carte une adresse par quartier

68	Les barbiers
71	Les salons de tatouage
74	Girls' Night Out

Avant-propos

*« On appartient à New York instantanément,
on y appartient autant en cinq minutes qu'en cinq ans. »*
Tom Wolfe

J'y ai vécu vingt-cinq ans et je lui appartiens. Cette ville majestueuse, fantastique, presque irréelle, captive les rêves des gens du monde entier qui veulent la découvrir et en tomber amoureux. Dans ma jeunesse, j'en ai fait ma maîtresse. J'ai grandi avec elle, mûri avec elle, et je n'ai jamais cessé de l'aimer. Je l'ai connue d'une manière intime : je la voyais tôt le matin, quand elle n'était pas encore lavée, étourdie par la nuit qui venait de terminer ; et le jour, frénétique, en sprint éternel pour faire plaisir au monde ; je la retrouvais le soir, belle, étincelante, invitant aux délires qu'elle seule au monde peut offrir. Ma ville, ma chérie, je la partageais certes avec un monde fou, mais c'était quand même la mienne.

J'aimerais que mes amis d'ailleurs puissent découvrir les endroits qui font d'elle cette sorcière enchanteresse, les endroits qui m'ont apporté tant de plaisir et donné tant de souvenirs. Où que vous soyez dans le monde, je veux qu'en venant à New York vous puissiez vivre ma ville comme je l'ai fait, en profitant de chaque secret pour en tirer la dernière goutte de plaisir. Et puis ce livre est une invitation à mes amis New-Yorkais, pour qu'ils redécouvrent leur propre ville : qu'ils arrêtent un instant la poursuite de la meilleure dernière ouverture ou du prochain grand succès, pour se rappeler la chance extraordinaire qu'ils ont de vivre dans la ville la plus incroyable au monde.

Dans cette ville frémissante, prenons le temps de chérir ces lieux qui sont la véritable âme de New York. Soutenons-les, afin que le cœur authentique de la ville batte encore longtemps face aux vagues de modes éphémères, aux dénaturations et aux *fakes*.

Ce livre est votre mode d'emploi pour appartenir à New York, les conseils d'un New-Yorkais à un autre. À vous de jouer !

Karim Geist

Downtown Manhattan

South Street Seaport

LE PETIT DÉJEUNER

Le *breakfast* est le repas le plus négligé par les New-Yorkais. Il se limite le plus souvent à une tasse de café bue à travers un couvercle en plastique déchiré. Aujourd'hui, de nombreux restaurants ont compris qu'il existe une clientèle qui désire davantage qu'un bagel avalé en courant entre le métro et le bureau.

Balthazar

80 Spring Street, New York, NY 10012
(212) 965-1414

Adresse très prisée des New-Yorkais, heureux de se retrouver dans cette vaste brasserie parisienne qui sert une authentique cuisine française. En raison de sa popularité, trouver une table pour le déjeuner ou le dîner peut être compliqué, mais au petit déjeuner, qui débute à 7 h 30 tous les matins, l'atmosphère est plus calme. À chaque table, un panier de pain fait maison accompagne un choix d'omelettes et de gaufres. Bien sûr, cela vous coûtera plus cher qu'une brioche achetée à la boulangerie, mais le plaisir qu'on a de voir la ville se réveiller tout en buvant un café n'a pas de prix.

Buvette

42 Grove Street, New York, NY 10014
(212) 255-3590

S'il y a beaucoup d'ambiance en soirée, Buvette est agréable le matin. Le petit déjeuner est intelligemment divisé en quatre sections : pâtisseries, tartines, gaufres et crêpes, avec trois plats d'œufs originaux. La pièce de résistance : des œufs bio battus à la fourchette, puis cuits à la vapeur avec la buse de la machine à expressos, et garnis de jambon cru (coupé sous vos yeux), de saumon fumé ou encore de tomates séchées. Mais on y vient aussi pour le cadre décalé : bar en marbre, plancher de chêne blanc, lustre signé Warren Muller, photos sur les murs. Le petit déjeuner commence à 8 h et continue jusque dans l'après-midi, ce qui permet de bien commencer la journée.

Clinton Street Baking Company

4 Clinton Street, New York, NY 10002
(646) 602-6263

Préparez-vous à faire la queue, car cet établissement est réputé pour ses pancakes. Le sandwich biscuit au babeurre avec des œufs brouillés et du bacon est une révélation. Pour satisfaire la demande, le restaurant a décidé de rester ouvert plus tard, ce qui fait que

Le petit déjeuner

maintenant on peut manger les pancakes jour et nuit! Le week-end, il n'est pas rare d'attendre plus d'une heure pour avoir une place. Donc tentez plutôt un jour de semaine pour apprécier un des meilleurs breakfasts de la ville.

Joseph Leonard

170 Waverly Place, New York, NY 10014
(646) 429-8383

Hotspot de West Village la nuit, Joseph Leonard est aussi bondé le week-end, à l'heure du brunch. Décor d'une autre époque avec plafond en bois, parquet, et murs ornés de photos et de miroirs anciens. L'adresse est célèbre pour son café éthiopien, excellent, et ses plats d'œufs inventifs. Mais c'est aussi peut-être le seul endroit au monde qui vous donne envie de manger des choux de Bruxelles au petit déj'! On opte pour le *breakfast sandwich* classique new-yorkais, qui, ici, se présente sous la forme d'un croissant frais avec une couche d'œufs moelleux surmontés de fromage manchego et de bacon (en option évidemment!).

Shopsins

120 Essex Street, New York, NY 10002

À la recherche d'une expérience de petit déjeuner *only in New York*, on se dirige directement vers le légendaire Shopsins, situé du côté sud d'Essex Market. Les règles: pas de réservation, pas de groupes de plus de quatre personnes, pas de téléphone portable, et personne n'a le droit de commander la même chose que ses voisins à la même table! Pendant un temps, la carte la plus folle de la ville comprenait plus de 1 000 choix et, si elle a été un peu réduite, les créations les plus incroyables sont toujours là (comme le *Mo'Betta* – du lard au sirop d'érable et des œufs brouillés pris en sandwich entre leurs célèbres pancakes au *mac & cheese*). Alors, si votre estomac vous réclame quelque chose qui sort de l'ordinaire, ruez-vous chez Shopsins en croisant les doigts pour que la file ne soit pas trop longue.

Egg

109 North 3rd Street, Brooklyn, NY 11249
(déménage bientôt)
(718) 302-5151

La spécialité ici, ce sont les œufs. Grâce au bouche-à-oreille, l'endroit est pris d'assaut le week-end. Mais quand ils ouvrent à 7 h du matin en semaine, tout est plus calme. On commande son café, qui arrive préparé individuellement dans une cafetière à piston, puis on attaque des créations telles que les *Eggs Rothko*, une tranche épaisse de brioche avec un œuf cuit au milieu, le tout recouvert de grafton cheddar fondu. Ce plat a tous les mérites d'un *grilled cheese*, avec en prime un œuf qui coule, des tomates d'un côté de l'assiette et de la viande de l'autre. De quoi vous caler l'estomac!

LES BARS À COCKTAILS

Pendant de nombreuses années, les *speakeasies* (bars clandestins) ont été réservés à une élite, la clientèle de masse préférant opter pour une bière froide à la taverne du coin. Mais la folie du cocktail a gagné New York, et il existe aujourd'hui plein d'endroits qui ne nécessitent plus qu'on sache quel bouton sonner ou quel mot de passe prononcer. Quand on désire des boissons de qualité préparées sur-mesure par des esprits créatifs, ces établissements sont des destinations dignes.

Mayahuel

304 East 6th Street, New York, NY 10003
(212) 253-5888

Ici, l'accent est mis sur la tequila et son cousin, le mescal. On essaie un des classiques, comme le *Pilot Punch* (tequila blanche, jalapeño, chartreuse jaune, jus de citron vert, concombre et menthe) qui offre une danse séduisante entre le piment piquant et la menthe douce, ou on explore le terroir mexicain à travers un « vol de dégustation » : la *cochinita* (poitrine de porc braisée avec une moutarde à la papaye et à la mangue) est à ne pas manquer et les churros non plus, servis avec du chocolat fondu assaisonné, bien sûr, de piment de Cayenne, pour ne pas oublier où on est.

Pouring Ribbons

225 Avenue B, New York, NY 10009
(917) 656-6788

Situé au-dessus d'une boutique d'alcools, ce *cocktail den* offre une dose rafraîchissante de simplicité : Joaquín Simó (Prix du meilleur barman américain en 2012) s'engage à mettre ses clients sur un « piédestal d'une importance égale à celle des cocktails ». On choisit le *Measure of a Man*, élaboré avec du bourbon Buffalo Trace, du rhum Smith & Cross, du thé Oolong, du lait clarifié et de la muscade, et si ça tourne un peu trop, on peut toujours équilibrer les choses avec une de leurs assiettes préparées spécialement pour Pouring Ribbons par Beecher's Handmade Cheese.

Dead Rabbit Grocery & Grog

30 Water Street, New York, NY 10004
(646) 422-7906

Ce qui distingue le Dead Rabbit de la plupart des autres bars à cocktails de New York est sa carte, qui se concentre sur des interprétations de boissons datant des années 1600 à la fin des années 1800, y compris les punchs. Chaque boisson ici a été historiquement documentée, puis adaptée au goût moderne. Le punch gratuit servi aux clients rend l'attente de la commande encore plus agréable. Le Dead Rabbit n'est peut-être pas situé dans le quartier le plus branché de la ville, mais il mérite une visite car ce bar a remporté le prix de la meilleure carte de cocktails au monde en 2013.

Death & Company

433 East 6th Street, New York, NY 10009
(212) 388-0882

Une adresse sophistiquée sans être guindée : lumière tamisée et banquettes en daim confèrent au lieu une ambiance cool et jazzy. Que vous soyez novice ou buveur aguerri, soyez patient, car un grand nombre de cocktails sont mélangés jusqu'à 50 fois et minutieusement testés par les barmen. Non seulement les cocktails sont parfaits, mais c'est le genre d'endroit où même un martini est servi dans un verre de 18 cl, et le reste versé dans une carafe glacée pour après. Et quand on a besoin d'un peu de nourriture pour s'assurer que la nuit ne finisse pas trop vite, une commande de *mac & cheese* truffé s'impose.

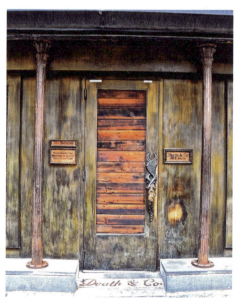

Cienfuegos

95 Avenue A, New York, NY 10009
(212) 614-6818

Célèbre pour avoir été le premier bar à New York à développer tout un menu à base de punch. Les punchs peuvent être commandés en cocktail simple, en taille « Amigos » un peu plus grande, en « Familia » ou même en « Royale », un cocktail assez grand pour qu'un groupe de neuf le partage. Le cadre est une sorte de croisement entre *Alice au pays des merveilles* et Cuba en 1950. Les cocktails sont divisés en catégories comme les fizz, *Big and Bold*, *The Spice of Life* et *Papa's List* – une référence à Ernest Hemingway, une section qui comprend, bien sûr, le daiquiri classique.

LE PERFECT MANHATTAN

Le *Manhattan* évoque l'âge d'or de l'histoire du cocktail. À l'époque où New York City ne désignait que Manhattan, le cocktail éponyme était le roi de toutes les boissons. Il était préparé avec du rye whiskey fabriqué dans l'État de New York, où on dénombrait, avant la Prohibition (1919-1933), plus de 1 200 distilleries. Il existe deux principales déclinaisons du *Manhattan* : la version *Dry*, avec du vermouth blanc sec et la version *Sweet*, avec du rouge doux.

Aujourd'hui, on peut acheter du rye whiskey partout dans le monde, mais pour déguster un Manhattan dans son environnement naturel, il faut se rendre au Bemelmans Bar qui se trouve dans l'hôtel Carlyle. Une fois assis au comptoir parmi les peintures murales de Ludwig Bemelmans, le créateur de la série de livres pour enfants *Madeline*, il faut préciser *Perfect* en passant la commande. Cette variante du *Manhattan* classique contient les deux vermouths à parts égales, faisant ainsi le pont entre les goûts des deux époques. On peut aussi tenter le voyage chez soi avec la recette suivante :

Le Perfect Manhattan
(pour 1 verre)

6 cl de rye whiskey Tuthilltown Hudson Manhattan
1,5 cl de vermouth rouge Carpano Antica
1,5 cl de vermouth blanc Dolin
3 gouttes de bitter à l'orange
1 zeste de citron
Versez les ingrédients dans un verre à mélange, ajoutez 5 beaux glaçons, et agitez vigoureusement avec une cuillère à mélange. Passez dans un verre *old-fashioned* préalablement rafraîchi en filtrant les glaçons.
Garnissez avec le zeste de citron.

Bemelmans Bar

(bar de l'hôtel Carlyle)
35 East 76th Street, New York, NY 10021
(212) 744-1600

LE BRUNCH

Pour les New-Yorkais, le brunch est une tradition incontournable mais il est aujourd'hui bien loin de ses origines et ne se cantonne pas au dimanche midi : il y a le brunch festif du samedi, le brunch avec alcool à volonté qui dure toute la journée, le brunch classique du dimanche, et même le brunch du lundi pour ceux qui ont travaillé tout le week-end.

PARTY BRUNCH

Beaumarchais

409 West 13th Street, New York, NY 10014
(212) 675-2400

Beaumarchais est célèbre pour son Grand Brunch, une fête intense, où à partir de 15 h le son augmente, les lumières baissent et la folie éclate. Dans cette brasserie unique, les banquettes sont faites pour danser dessus et les magnums de champagne pour arroser la salle. Le brunch offre des délices, tels qu'un foie gras maison au cidre et calvados, et un croque-madame savoureux avec béchamel aux truffes. Belle sélection de bulles rosées. Ici, tout le monde peut vivre le rêve décadent du demi-monde, au moins pour une après-midi.

LAVO

39 East 58th Street, New York, NY 10022
(212) 750-5588

Inspiré des fêtes extravagantes de la Côte d'Azur, le brunch de LAVO attire une clientèle internationale composée principalement de *beautiful people*. Tout commence assez calmement. On arrive vers 14 h et on s'installe pour profiter du repas avant que les lumières commencent à baisser vers 15 h 30. Puis les lumières s'éteignent de façon imperceptible, et le niveau et l'énergie de la musique augmentent doucement. Soudain, tout le monde danse sur les tables et la gigantesque bouteille de Dom Pérignon circule…

SUNDAY BRUNCH

ABC Cocina

38 East 19th Street, New York, NY 10003
(212) 677-2233

Une nouvelle table du chef étoilé Jean-Georges Vongerichten. Le cadre est magnifique : verres vintage de l'époque de la Grande Dépression, bois récupéré, tables en acier et chaises rose fluo. Au menu, plusieurs sandwichs ainsi que des plats de petit déjeuner comme les *huevos rancheros*, le pain perdu aux épices mexicaines, et des pancakes à la noix de coco. Mais la meilleure option, c'est de partager entre amis plusieurs assiettes de légumes, de fruits de mer et de fritures.

Sarabeth's

Plusieurs adresses dans la ville
www.sarabeths.com

Pour retrouver le petit déjeuner de notre enfance, on se dirige vers Sarabeth's, même s'il faut faire la queue. Rien de novateur à la carte : des omelettes moelleuses pliées autour d'ingrédients frais et goûteux, des œufs servis brouillés ou Benedict, des gaufres, des crêpes et des céréales. Clin d'œil à la tradition juive, l'omelette *Goldie Lox*, garnie de saumon fumé et de *cream cheese*. Les plats d'œufs arrivent avec un choix de muffins et de scones et les légendaires confitures de Sarabeth's.

BRUNCH À BROOKLYN

People's Republic of Brooklyn

247 Smith Street, Brooklyn, NY 11231
(718) 522-6100

Avec un espace *lounge* dans l'avant-salle, un jardin à l'arrière et un bar avec un coin salon en bas, le lieu est idéal pour les groupes avec son brunch à 10 $ le week-end. La cuisine propose de la *comfort food* au goût cajun, telle que le *Fried Catfish*, mais aussi des gaufres avec poulet frit pour compléter le pain perdu aux poires caramélisées ou encore de délicieux pancakes. Un groupe de musiciens jouant de la salsa injecte un peu d'énergie à ce brunch paisible.

BRUNCH ALCOOLS À VOLONTÉ

Paradou

8 Little West 12th Street, Manhattan, NY 10014
(212) 463-8345

Passées les portes bleues, on découvre une retraite paisible à l'ambiance rustique, avec un jardin à l'arrière ouvert toute l'année. Un endroit agréable pour les groupes. La formule *Unlimited Champagne Cocktail Brunch* comprend un plat et des bulles à volonté, élément attractif incontestable. Mais la carte ne déçoit pas et propose notamment le *Wake & Bake* (polenta crémeuse garniz de gruyère avec deux œufs aux plats et de l'andouille) et le *Really Big Lamb Burger* (agneau haché et assaisonné, garni de chèvre et de figues, servi avec des pommes de terre sautées).

Poco

33 Avenue B, New York, NY 10009
(212) 228-4461

Une adresse nichée dans Alphabet City. Pour moins de 40 $, on a le choix d'un plat principal accompagné d'une offre illimitée de *Mimosa*, *Bloody Mary* et sangria et trois heures pour en profiter. À la carte, des classiques espagnols, des standards américains et des sandwichs copieux, comme le *Poco Benedict* (une *arepa* garnie de chorizo, manchego et œufs pochés, nappée d'une hollandaise au pimentón), ou le *Lobster Mac N'Cheese* (homard, manchego, asiago et parmesan). La musique est entraînante, mais ne trouble pas la conversation. Avec 2 étages et une terrasse, Poco est idéal pour les groupes.

Le brunch 19

LES CINÉMAS

Un des mes plaisirs préférés est d'aller au cinéma, de m'asseoir dans une salle obscure, et de me laisser transporter à travers le grand écran vers un autre monde en mangeant du pop-corn. En matière de salles de cinéma, New York offre l'embarras du choix. Par une journée pluvieuse, alors que la foule se presse au multiplex pour voir la dernière comédie romantique, se rendre dans une salle d'art et d'essai peut être le moyen idéal de se cultiver tout en échappant aux hordes de touristes dans les musées.

Angelika Film Center & Café

18 West Houston Street, New York, NY 10012
(212) 995-2570

L'Angelika Film Center est l'adresse favorite des cinéphiles. Sur les 6 écrans situés en sous-sol, on peut visionner des sélections audacieuses de festivals comme Sundance ou Venise, tandis qu'au rez-de-chaussée, on trouve le café, sûrement l'élément essentiel du succès de l'Angelika. Ici, on sert des cappuccinos, des paninis, des gâteaux gourmands, et même des biscuits végétaliens de chez Sacred Chow.

Paris Theater

4 West 58th Street, New York, NY 10019
(212) 688-3800

Le Paris Theater a été inauguré le 13 septembre 1948, en présence de Marlene Dietrich et de l'ambassadeur de France. Comme son nom l'indique, le Paris a une prédilection pour les films étrangers, en particulier les films français. C'est la plus ancienne salle d'art et d'essai encore en activité aux États-Unis, une des dernières à n'avoir qu'un seul écran, et une institution de Manhattan. On se demande pourquoi on n'y va pas plus souvent. Le Paris appartient à une autre époque, celle où les gens s'habillaient pour aller au cinéma, et c'est l'une des meilleures destinations pour une *date night* à New York.

Film Forum

209 West Houston Street, New York, NY 10014
(212) 727-8110

Le Film Forum est le seul cinéma à but non lucratif de New York, et même si les fauteuils sont étroits et inconfortables, il se rattrape par la projection de vieux films, souvent regroupés par thèmes, comme les westerns spaghetti ou les films français de la Nouvelle Vague. Avant chaque projection, du pop-corn est fraîchement préparé, et il est inutile

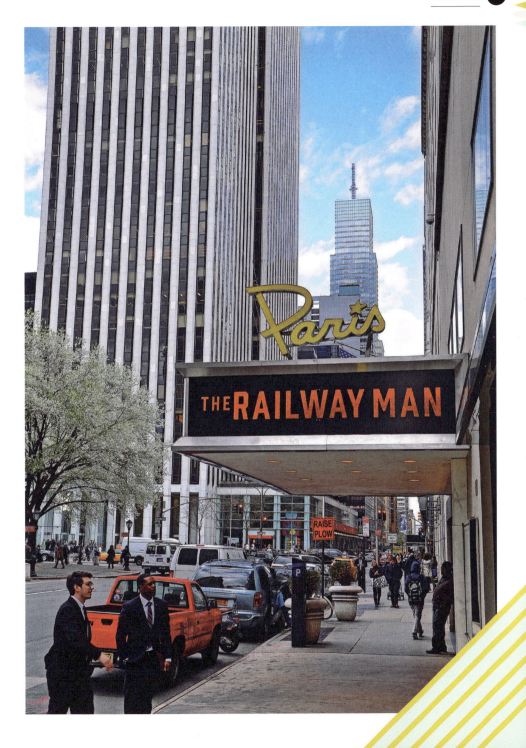

de chercher le distributeur de beurre fondu comme dans un cinéma américain normal : la seule garniture offerte ici, c'est du sel de mer, et c'est tout ce dont on a besoin.

Film Society

165 West 65th Street, New York, NY 10023
(212) 875-5610

Basée au Walter Reade Theater dans le Lincoln Center, la Film Society affiche une intéressante programmation, qui passe aussi bien des films indépendants et étrangers que des sélections qui visent le grand public. Je vous recommande l'avantageuse formule *Dinner-and-a-Movie* qui couple un film plus un repas et une boisson au restaurant du Lincoln Center. Les salles elles-mêmes sont certainement parmi les plus belles à New York, avec une déco géniale, des sièges confortables et propres, et des écrans LCD élégants.

Landmark Sunshine Theater

143 East Houston Street, New York, NY 10002
(212) 260-7289

Cet ancien théâtre reconverti en cinéma abrite aujourd'hui des salles intimes avec des sièges confortables et un son excellent. La programmation, bien étudiée, propose les derniers films indépendants, et des classiques amusants tard le soir. On a pu voir aux projections de minuit *Space Jam*, *Pulp Fiction* ou la série *Evil Dead*. En plus, on ne se lasse pas de leur pop-corn maison, sauté dans un mélange d'huile de noix de coco et de maïs qui lui confère un goût légèrement plus robuste. On peut choisir parmi dix garnitures différentes, y compris le parmesan et l'ail, des épices cajuns ou de la guimauve au chocolat.

Nighthawk Cinema

136 Metropolitan Avenue, Brooklyn, NY 11249
(718) 384-3980

Saul Bolton, chef étoilé du restaurant Saul à Boerum Hill, a mis sa vision culinaire dans la conception de la carte du café. Ici, on commande tout en regardant un film. Le principe est simple. On arrive 30 minutes avant le début du film et un serveur vient prendre la commande. Mais une fois les lumières baissées, il faut faire passer les commandes en silence sur un papier. La carte comprend des plats mitonnés spécialement pour chaque film : ainsi, *The Godfather* a été jumelé avec un menu sur le thème de l'orange, alors que la carte pour *Rum Diary* offrait un pudding rhum-raisin. Et depuis l'abrogation de la loi interdisant de servir de l'alcool dans les salles de cinéma, des cocktails assortis aux films sont disponibles, ainsi qu'une sélection de bières artisanales, à déguster avant, pendant et après la séance.

STEAKHOUSES

Il y a des moments dans la vie où l'homme a besoin de se reconnecter avec le carnivore qui sommeille en lui, et ces moments exigent un grand steak croustillant, tendre et *juicy*. New York est plein de *steakhouses* capables de satisfaire cette envie, et elles sont la référence des *steakhouses* en Amérique. En voici les porte-drapeaux.

Benjamin Steak House

52 East 41st Street, New York, NY 10017
(212) 297-9177

Benjamin Steak House est le genre de resto où on s'attendrait à croiser les Mad Men après le travail. C'est l'idée originale d'Arturo McLeod, un ancien de chez Peter Luger (voir page 24). De hauts plafonds, des lustres en laiton, des boiseries en chêne et des sièges en cuir offrent le cadre parfait pour profiter de ses coupes généreuses de viande. Goûtez le *porterhouse* (châteaubriant) « vieilli » au sec dans la cave spéciale du restaurant, légèrement grillé et parfaitement assaisonné.

Keens

72 West 36th Street, Manhattan, NY 10018
(212) 947-3636

Le décor de Keens ramène le visiteur à l'époque où ce lieu était un *pipe club*, comme en témoignent les pipes suspendues aux plafonds des différentes salles. De vieilles photos, des caricatures politiques et des affiches de théâtre recouvrent les murs tout autour. Ici, on optera plutôt pour la *mutton chop* grillée, un morceau colossal d'agneau savamment doré et croûté. Grand choix de scotchs (plus de 100) au bar, à marier avec la viande.

Sparks Steak House

210 East 46th Street, New York, NY 10017
(212) 687-4855

Sparks a fait la une des journaux en 1985 lorsqu'un caïd de la pègre new-yorkaise s'est fait descendre dans le restaurant. Il était probablement venu là pour déguster un de leurs homards gigantesques ou un *prime sirloin* (aloyau) parfaitement croûté et « vieilli ». Belle carte des vins reconnue comme l'une des meilleures de la ville. Tentez votre chance un samedi soir, c'est généralement un peu plus calme que les soirs de semaine.

Smith & Wollensky

797 3rd Avenue, New York, NY 10022
(212) 753-1530

Dans un décor confortable et accueillant, le menu propose des viandes exceptionnelles issues de bovins primés par le ministère de l'Agriculture et « vieillies » dans la chambre froide du restaurant. Ainsi, quand la viande arrive sur votre table 28 jours plus tard, elle a une saveur inégalée ailleurs. N'oubliez pas d'y ajouter une bouteille d'un bon sauvignon blanc ou d'un Meritage.

Smith & Wollensky

Peter Luger

178 Broadway, New York, NY 11211
(718) 387-7400

Cette adresse, qui régale les connaisseurs depuis 1887, vient d'être primée pour la 30e année consécutive. Le hamburger qu'ils servent au déjeuner est exceptionnel. Mais ce sont les steaks qui ont fait la gloire de Peter Luger, et c'est pour eux qu'on fait le voyage. La carte, tout comme le décor du restaurant (lambris, parquet, tables de boucher), est aussi simple que possible : un steak peut nourrir 1, 2, 3, 4 personnes. Détail important : le restaurant refuse les cartes bleues, prévoyez suffisamment d'espèces.

Old Homestead

56 9th Avenue, New York, NY 10011
(212) 242-9040

Cet ancêtre du Meatpacking District attire la clientèle depuis 1868. Certes, les abattoirs ont déménagé mais la tradition de la *steakhouse* y survit. Le menu a subi quelques retouches (ils ont ajouté du bœuf de Kobe à leur carte), mais cela ne vous empêchera pas de déguster un *New York Strip* parfaitement cuit, servi sur une assiette nue, excepté une gousse d'ail rôtie qui parfume la viande fondante. De quoi bien commencer la nuit *out on the town*, car Meatpacking District est un quartier reconnu pour sa vie nocturne scintillante.

STEAKHOUSES NON TRADITIONNELLES

Churrascaria Plataforma

316 West 49th Street, New York, NY 10019
(212) 245-0505

À New York, on sait envoyer du lourd. Qui d'autre sait en faire autant ? Les Brésiliens. Ici, les serveurs se succèdent à la table, chacun apportant un morceau de viande différent, qu'ils tranchent sur place. Jusqu'à 20 styles différents de viandes peuvent défiler, du faux-filet au cochon de lait, de la côte de porc aux médaillons de dinde enveloppés de bacon, de l'entrecôte aux côtelettes d'agneau. Le buffet d'entrées est compris dans le prix et le vin à volonté peut être ajouté.

Sammy's Roumanian

157 Chrystie Street, New York, NY 10002
(212) 673-0330

Resto en sous-sol, Polaroid aux murs, peinture écaillée. C'est pourtant l'adresse chérie des New-Yorkais en mal de viande. Les biftecks de hampe arrivent repliés mais débordent quand même de l'assiette, tandis que la côte de bœuf pourrait servir de tomahawk une fois la viande éliminée. La vodka Kettle One est la boisson parfaite pour accompagner tout ce qu'on commande. Ambiance de bar-mitsva.

LES SPORTS

New York a toujours été une ville fana de sport. Quel que soit le niveau qu'occupent les équipes pour une saison, les supporters new-yorkais continuent à débourser des sommes extravagantes pour assister aux tournois. Les Knicks n'ont pas gagné de championnat depuis 1973, et cela n'a pas l'air de vouloir changer de sitôt. Les Mets se débrouillent chaque année pour trouver une nouvelle façon de décevoir leurs supporters, renonçant à tout espoir d'atteindre les *playoffs* à partir de mi-mai ; les Giants peuvent, en l'espace d'un an, passer de vainqueurs du Super Bowl à une équipe de deuxième niveau ; et les Jets, enfin, inutile d'en parler. Mais les New-Yorkais sont des rêveurs. Chaque semaine, ils se rassemblent fidèlement en masse pour soutenir leurs équipes. Et avec autant d'équipes, la chance d'assister à une victoire spéciale dans la capitale du sport américain reste toujours sur la *bucket list*.

À l'angle de la 7ᵉ et de la 33ᵉ Rue, Madison Square Garden est la résidence des Knicks et des Rangers. Ces clubs de basket et de hockey se partagent « la plus célèbre arène au monde » pour un minimum de 82 matchs par an, mais la salle accueille également de grands concerts, des matchs de boxe et des meetings politiques, entre autres. Que *The Garden* soit situé en plein cœur de la ville est d'autant plus séduisant. Chaque soir, les fidèles supporters, arborant les couleurs de leurs équipes, surgissent des stations de métro autour de Penn Station et se réunissent dans les bars et tavernes près de l'arène pour être sûrs d'avoir une bonne place avant le premier coup de sifflet. Lorsqu'on entre dans l'arène, des décennies d'histoire racontées en photos sur les murs enflamment la ferveur, donnant l'espoir que cette fois, peut-être, il se passera quelque chose qui méritera d'être immortalisé sur ces murs.

Par l'une de ces nuits d'été où la chaleur est supportable, filer en métro à l'un des deux stades de base-ball est un excellent moyen de passer la nuit (eh oui ! le base-ball peut durer des heures et des heures). Qu'on se dirige vers le Bronx pour voir les Yankees gagner ou vers Queens pour voir les Mets essayer de gagner, le Yankee Stadium et le CitiField offrent maintenant plusieurs options culinaires, avec plein de bars et de *lounges* chic. Mais un hot-dog et une bière dans les gradins ont toujours la faveur des Américains et restent à la portée de tous les budgets.

Deux équipes new-yorkaises de football américain se partagent un stade au New Jersey, car il serait inimaginable de

Les sports 27

Madison Square Garden

CitiField

concevoir un stade de 80 000 places à Manhattan. Alors, tous les dimanches, les New-Yorkais enfilent leurs maillots et migrent de l'autre côté de l'Hudson pour rugir à chaque *touchdown* et gémir à chaque *fumble*. Le MetLife Stadium est aussi l'hôte d'énormes concerts que Madison Square Garden ne peut accueillir.

Le foot (*soccer*) a commencé à s'implanter aux États-Unis et New York sera bientôt le fief de deux équipes. Alors que les Red Bulls, nouveaux employeurs de Thierry Henry, jouent aussi dans le New Jersey, le New York City FC, le petit projet récent des émirs propriétaires du Manchester City FC, se joindra à la Ligue en 2015 et sera basé à Queens. Les stades de foot sont plus petits et sont construits spécialement pour ce sport, donc l'ambiance dans les stades remplis de supporters fidèles est toujours spectaculaire.

Mais peu importe votre sport favori ou l'équipe qui vous rend fou. Que vous soyez de New York ou que vos allégeances résident ailleurs, il n'y a pratiquement pas un jour de l'année où vous ne pouvez pas vous retrouver avec des gens comme vous, dans un beau stade, en train de chanter à en perdre la voix ou de vous moquer de ces athlètes incroyables qui tentent, année après année, de ramener un trophée de champion à New York.

Base-ball :

Les Yankees *au Yankee Stadium (Bronx)*
Les Mets *au CitiField (Queens)*

Basket-ball :

Les Knicks *au Madison Square Garden (Manhattan)*
Les Nets *au Barclays Center (Brooklyn)*

Football américain :

Les Giants *au MetLife Stadium (New Jersey)*
Les Jets *au MetLife Stadium (New Jersey)*

Hockey :

Les Rangers *au Madison Square Garden (Manhattan)*
Les Islanders *au Barclays Center à partir de 2015 (Brooklyn)*

Soccer :

Les Red Bulls *à Red Bull Arena (New Jersey)*
Le New York City FC *quelque part dans Queens en 2015*

SPORTS BARS

Même s'il est sympa de regarder un match chez soi, quand on supporte une équipe, on préfère se retrouver entre fans, dans un *sports bar*, avec une bière fraîche dans une main et des ailes de poulet dans l'autre. La définition du *sports bar* est devenue très floue au fil des années : certains sont dédiés à un sport en particulier, ou à certaines équipes seulement, d'autres sont des bars de quartier ordinaires avec suffisamment d'écrans et de formules pour attirer les foules. Quoi qu'il en soit, entre rester chez soi et aller au stade, il y a une troisième option : le *sports bar*.

Bounce Sporting Club

55 West 21st Street, New York, NY 10010
(212) 675-8007

Puisque les événements sportifs se terminent au moment même où la nuit devient chaude, Bounce Sporting Club a fait en sorte que son *sports bar* haut de gamme se transforme en boîte de nuit après le dernier coup de sifflet. Des *bottle girls* en robes moulantes servent les bouteilles aux banquettes en cuir rouge, tandis qu'un personnel qui semble sorti des pages d'un magazine de mode s'occupe de la clientèle derrière le bar. Au milieu, la foule se positionne autour des tables hautes pour voir les 30 écrans qui diffusent tous les événements sportifs imaginables. Le menu est classe : des hamburgers garnis de gruyère et d'un œuf de caille au plat, des *sliders* au canard, et des filets de poulet frits au babeurre complètent des seaux de bière locale. Mais une fois le sport terminé, les DJs reprennent la main afin que personne ne soit tenté d'aller vers l'une des boîtes de nuit voisines. Ainsi, la fête continue jusqu'au petit matin.

Brother Jimmy's BBQ

Plusieurs établissements dans la ville
www.brotherjimmys.com

Depuis 1989, ce bar s'est fait un nom en associant son barbecue avec des diffusions de tous les sports possibles. De délicieux plats de *ribs* et des sandwichs au porc effiloché, diverses boissons servies dans des seaux, des bocaux à poissons et même des « poubelles » font de Brother Jimmy's une destination appréciée lors des événements sportifs. Un staff sexy ajoute à l'ambiance festive pendant les matchs. Et quand les Knicks sont menés de vingt points avant la mi-temps, on est bien heureux de pouvoir se concentrer sur la liste des sauces spéciales, pour choisir celle qui se mariera le mieux avec le plat qu'on a commandé.

Sports bars

Brother Jimmy's BBQ

Nevada Smiths

Kettle of Fish

59 Christopher Street, Manhattan, NY 10014
(212) 414-2278

Situé dans West Village, Kettle of Fish possède à la fois le charme sophistiqué qu'on attend du quartier et une déco éclectique qui semble sortie de l'imagination d'un savant fou. Ce repaire souterrain des années 1950, avec un foyer, des canapés et des jeux de société, pourrait ne pas être le *sports bar* typique. Mais lorsqu'arrive l'heure du match, le mélange de bière pas chère, de jeux de fléchettes et du juke-box fait de Kettle of Fish un endroit idéal pour le regarder avec des amis. Il suffit de garder à l'esprit que le dimanche, jour du football américain, il y a un parti pris évident pour les fans des Green Bay Packers, l'équipe du Wisconsin. À bon entendeur…

Nevada Smiths

100 3rd Avenue, New York, NY 10003
(212) 982-2591

Avec plus de 100 matchs diffusés en direct chaque semaine des quatre coins du monde, Nevada Smith est La Mecque du foot à New York, ce qui signifie qu'ils ouvrent tôt le matin pour les grands événements! Les boissons sont servies dans des gobelets en plastique, ce qui est une bonne chose, car avec 4 niveaux, 2 bars, une salle VIP et un bar à vin séparé, il y a toujours un peu d'hooliganisme de la part des fans qui se rassemblent ici. Le décor, récemment refait dans un style moderne et cool, n'enlève rien à ce bar énergique du matin jusqu'au dernier coup de sifflet du jour.

Mulholland's

312 Grand Street, Brooklyn, NY 11211
(718) 486-3473

Situé dans une rue pleine d'attractions à Brooklyn, Mulholland's se distingue comme une « *IDIOT-FREE ZONE* » (un panneau à l'intérieur le proclame) pour regarder un match et profiter d'un menu complet avec des ailes de poulet aux saveurs originales, telles que *Bloody Mary* et *Scorching Death*. 12 écrans plats assurent une expérience agréable, tandis que les canapés, la cheminée et la terrasse à l'arrière donnent envie de rester bien au-delà de la fin du match.

Village Pourhouse

64 3rd Avenue, New York, NY 10003
(212) 979-2337

The Ainsworth

122 West 26th Street, New York, NY 10001
(212) 741-0645

The Royal

127 4th Avenue, New York, NY 10003
(212) 260-1099

Union Grounds

270 Smith Street, Brooklyn, NY 11231
(347) 763-1935

JAPONAIS

New York compte de nombreux immigrants japonais et plein de restaurants authentiques pour les servir. Aux côtés des maîtres chevronnés des institutions de *sushi*, des *izakaya* (auberge japonaise) animés, des bars à *ramen* (nouilles) et des *hotspots* de *yakiniku* (barbecue) voient le jour un peu partout en ville. Qu'on désire des mets délicats directement livrés du marché de Tsujiki au Japon, un humble bol de nouilles japonaises ou une pinte de bière Sapporo pour accompagner des abats grillés, la gastronomie japonaise répond à tous nos souhaits.

15 East

15 East 15th Street, New York, NY 10003
(212) 647-0015

Ce lieu élégant, avec son décor minimaliste et son bar à 9 places, est tenu par Masata Shimizu, un ancien de Jewel Bako. Les fans de poisson cru se bousculent pour profiter de ses superbes préparations de fruits de mer. Shimizu prend plaisir à éduquer les novices et les amateurs, en exhibant de temps à autre des livres et des plans anatomiques pour montrer d'où viennent ses coupes exceptionnelles de thon. Une dégustation de ce poisson avec six coupes différentes, y compris un *otoro*, est ce que New York a de meilleur à offrir. Certes, ce n'est pas donné, mais cela n'en vaut-il pas la peine pour un repas dont on se souviendra longtemps ?

Geido

331 Flatbush Avenue, Brooklyn, NY 11217
(718) 638-8866

Si Geido, à Park Slope, attire les foules depuis 1985, il doit y avoir une raison. C'est que, contrairement aux autres institutions de *sushi* à Manhattan, Geido ne se prend pas trop au sérieux. Dans la salle, des graffiti du sol au plafond, des dessins de poissons et des caricatures du personnel couvrent les murs. Et derrière le comptoir, on trouve habituellement le chef propriétaire Osamu Koyama qui partage son temps entre la coupe des poissons et la consommation d'alcool en quantité. D'ailleurs, il n'hésite pas à verser des verres pour ceux qu'il voit apprécier son travail ! Selon les connaisseurs, l'ambiance de Geido serait assez proche de celle d'un restaurant de quartier à Tokyo.

Blue Ribbon Sushi

119 Sullivan Street, New York, NY 10012
(212) 343-0404

Dix ans déjà que ce restaurant est ouvert 7 jours sur 7, jusqu'à 2 h du matin, et qu'il ne désemplit pas aux heures de pointe. Grâce à une sélection de poissons exceptionnels, importés du Pacifique et de l'Atlantique, les chefs donnent le meilleur avec des ingrédients ultra frais. Qu'on choisisse des *maki* et des *nigiri* ou le plat du jour, un poisson avec son riz qui, à lui seul, est une merveille… le tout est une révélation. Ne partez pas sans goûter la crème brûlée au thé vert, qui est un *must* à chaque visite.

Yasuda

204 East 43rd Street, New York, NY 10017
(212) 972-1001

Un autre excellent japonais. Il faut s'asseoir au magnifique bar en forme de L, où Tatsuya Sekiguchi et Mitsuru Tamura servent des interprétations puristes de *nigiri* sur des plateaux en bois. Tatsu et Mitsu, comme les habitués les appellent, offrent des choix audacieux, tels que des œufs de pétoncles ou du crabe de roche à côté de classiques, tels que du thon gras légèrement poêlé ou des encornets violets égayés de shiso et de wasabi, tous délicatement posés sur des petites boules de riz légèrement imbibé de vinaigre. Pas de combinaisons élaborées : les produits, impeccables, parlent d'eux-mêmes.

Yasuda

Gyu-Kaku

Plusieurs établissements dans la ville
www.gyu-kaku.com

Gyu-Kaku est l'endroit idéal pour se familiariser avec le barbecue japonais (*yakiniku*). Le concept est celui du barbecue coréen : chaque table a son gril et on fait cuire soi-même des viandes ou des poissons marinés différemment. Le personnel indique le temps de cuisson idéal pour chaque pièce, afin que tout soit délicieusement tendre et succulent. *Happy hour* de midi à 18 h et de 21 h jusqu'à la fermeture, pendant laquelle les plats sont à moitié prix et toutes les boissons sont moins chères.

Totto Ramen

366 West 52nd Street, New York, NY 10019
(212) 582-0052

La folie des bars à *ramen* (*noodle bars*) a gagné New York et les amateurs se précipitent tous chez Totto Ramen. Sa spécialité : le *Paitan Ramen*, des nouilles *ramen* cuites dans un bouillon de poulet opaque, ce qui donne un plat intensément riche en texture et en saveur. Le client qui vient en solo pourra apprécier, de sa place au comptoir, le show des cuisiniers qui mélangent les chaudrons de bouillon et grillent des tranches de porc bouilli avec un chalumeau pour le *Paitan*. N'oubliez pas de demander qu'on vous ajoute un des œufs qui marinent dans un liquide brun foncé de saké et de soja. Délicieux et différent !

Gyu-Kaku

OYSTER HAPPY HOURS

« Il fut bien hardi, celui qui le premier mangea une huître », a dit Jonathan Swift. Et New York est l'un des meilleurs endroits au monde pour profiter des fruits de mer. Que vous soyez simplement à la recherche d'huîtres à 1 $ ou au contraire de mollusques rares venus du fin fond du monde, il y a toujours une bonne adresse avec une formule *happy hour* qui vous transportera au bord de la mer.

Essex

120 Essex Street, New York, NY 10002
(212) 533-9616

Bien qu'Essex soit peut-être plus célèbre pour ses brunchs, sa formule d'huîtres à 1 $, proposée le soir du dimanche au jeudi, est une bonne raison d'y revenir en semaine. Certes, la sélection n'est pas aussi variée que dans d'autres établissements et les huîtres ont tendance à être plus petites, mais bien après que les autres bars ont terminé leurs *happy hours*, Essex continue la fête jusqu'à l'heure de la fermeture et offre en plus des boissons à moitié prix, de 17 h à 20 h !

Crave Fishbar

945 2nd Avenue, New York, NY 10022
(646) 895-9585

Avec l'ouverture d'un nouveau bar à huîtres situé à l'étage, Crave Fishbar à Midtown était obligé de rejoindre la farandole des *happy hours*. Au choix, douze variétés d'huîtres, toutes à 1 $, y compris celles de la côte ouest, normalement quatre fois plus chères. D'autres crustacées crus sont à découvrir, tels que le *jumbo crab* et les palourdes du Pacifique. Et la sélection de sauces servies, dont une délicieuse mignonnette de citron confit, assure un succulent moment iodé.

Docks Oyster Bar & Grill

633 3rd Avenue, New York, NY 10017
(212) 986-8080

Si Essex ferme tard, Docks Oyster Bar & Grill ouvre tôt, offrant des huîtres à 1 $ tous les jours de 15 h à 19 h. C'est l'adresse chérie des financiers avant de prendre un train au départ de Grand Central. Le long bar en bois est l'endroit idéal pour apprécier une douzaine de variétés d'huîtres écaillées par les experts maison.

Fish

280 Bleecker Street, New York, NY 10014
(212) 727-2879

Bleecker Street peut être vu comme un piège à touristes, mais, niché juste à côté de Jones Street, on trouve Fish, où chaque soir on peut déguster un choix d'une demi-douzaine d'huîtres avec une bière pression ou un verre de vin pour seulement 8 $. Un bon plan imbattable à New York, c'est pourquoi il est impératif d'arriver tôt si on veut avoir une chance de déguster en paix ces superbes huîtres fraîches.

The John Dory Oyster Bar

1196 Broadway, New York, NY 10001
(212) 792-9000

Une des meilleures sélections de fruits de mer de Manhattan. L'endroit accueille tous les jours, de 17 h à 19 h, une foule d'habitués qui se régalent de 6 huîtres avec un verre de vin pétillant ou une pinte de Sixpoint Oyster Stout, une bière élaborée à partir des coquilles d'huîtres écaillées sur place. Mais The John Dory va un peu plus loin en offrant de nouveau la formule de 23 h à minuit et le week-end de midi à 19 h, lorsque celle-ci peut être couplée avec un *Bloody Mary* ou une *Michelada* !

Maison Premiere

298 Bedford Avenue, Brooklyn, NY 11211
(347) 335-0446

À Brooklyn, une seule adresse à retenir : Maison Premiere, une maison d'huîtres charmante, située à Williamsburg, qui offre une *happy hour* de 16 h à 19 h en semaine et de 11 h à 13 h le week-end. À la carte, plus de 30 variétés d'huîtres de tout le pays (toutes ne sont pas disponibles pour 1 $), et, pour accompagner les huîtres, l'autoproclamé *oyster and cocktail den* propose une merveilleuse sélection de cocktails à base d'absinthe ainsi que du vin.

Grand Central Oyster Bar

89 East 42nd Street, New York, NY 10017
(212) 490-6650

C'est l'ancêtre de toutes les maisons d'huîtres à New York. Le Grand Central Oyster Bar, niché au cœur de cette gare iconique, est une destination pour les banlieusards, les touristes et les « Manhattanites » depuis 1913. On y déguste des dizaines de variétés d'huîtres, accompagnées de commentaires utiles afin que le client puisse facilement faire la différence entre les *Naked Cowboys* et les *Malpeques* dans un cadre qui, à lui seul, est digne d'une visite.

Upstate

95 1st Avenue, New York, NY 10003
(917) 408-3395

Récemment arrivé sur la *seafood scene* de New York, Upstate propose chaque jour une formule *happy hour*, de 17 h à 19 h, avec 6 huîtres et une bière artisanale ou un verre de vin pour seulement 12 $. La fraîcheur est à toute épreuve. Et lorsque l'addition arrive, elle est toujours accompagnée d'une petite tranche de quatre-quarts imbibée de whisky pour assurer un départ chaleureux.

Oyster happy hours

Grand Central Oyster Bar

Upstate

SOHO

Avec ses fameuses façades en fonte du XIXe siècle (*cast iron buildings*), SoHo a le charme du Vieux Monde, ce qui fait de ce quartier une destination très prisée des citadins et des touristes. Pour ceux d'entre nous qui vivent dans le nord de la ville, passer un après-midi à SoHo, c'est prendre des vacances dans un quartier où la vie ralentit un peu et où il y a beaucoup à découvrir si on sait où s'arrêter.

Refuge des artistes, SoHo est l'épicentre de l'avant-garde. Le quartier offre des expériences culturelles à chaque coin de rue, comme à l'angle de Prince Street et de Broadway, où on peut marcher sur un trottoir sculpté par Keith Haring.

Artists Space

38 Greene Street #3, New York, NY 10012
(212) 226-3970

Cette petite galerie d'art contemporain est cachée au troisième étage d'un immeuble quelconque, on peut donc facilement la rater. À l'intérieur, un personnel amical est toujours prêt à instruire le visiteur sur les motivations des artistes, ce qui aide à rendre l'œuvre plus accessible aux non-initiés.

Drawing Center

35 Wooster Street, New York, NY 10013
(212) 219-2166

Comme son nom l'indique, le Drawing Center est dédié au dessin, avec des expositions de premier ordre consacrées aux dessins et aux œuvres sur papier, bien que quelques-unes des œuvres brouillent la frontière entre le dessin et la sculpture, ce qui fait d'une courte visite à cette galerie une expérience unique.

SoHo Gallery For Digital Art

138 Sullivan Street, New York, NY 10012
(212) 228-2810

Une galerie d'art numérique qui met à l'honneur des artistes du monde entier. Elle draine une clientèle jeune qui apprécie les présentations affichées sur 16 écrans de 40 pouces distribués sur les deux niveaux. Désignée comme l'une des meilleures galeries d'art contemporain à New York, elle a déjà accueilli *The International iPhoneography Show* et des événements pour Instagram et FX Photo Studio.

Malgré l'arrivée de Prada, Chanel, Dior Homme et Balenciaga, qui ont apporté le luxe à SoHo, le quartier reste un véritable terrain de jeu pour les amateurs de grandes marques et de boutiques extravagantes.

Opening Ceremony

35 Howard Street, New York, NY 10013
(212) 219-2688

Un concept unique : dans les rayons se côtoient les produits de créateurs émergents et confirmés, provenant chaque année d'un pays différent. On y débusque des objets qu'on ne trouve nulle part ailleurs à Manhattan.

Kiosk

95 Spring Street, 2nd floor, New York, NY 10012
(212) 226-8601

Un loft situé en haut d'un escalier rempli de graffiti. Les propriétaires du magasin parcourent le monde pour rapporter les souvenirs que les voyageurs n'ont jamais la place de transporter eux-mêmes. Une sorte de marché au bord de la route où on ne sait jamais ce qu'on trouvera.

Ina

101 Thompson Street, New York, NY 10012
(212) 941-4757

Ina s'est rendue célèbre en rachetant la garde-robe de *Sex and the City*, une fois la série terminée. Les New-Yorkaises s'arrachent les stilettos ou le sac à main dont elles ont toujours rêvé. Attention, les collections datent d'un an ou deux, et comme la plupart des articles viennent de *shoots* de mode ou de défilés, les tailles ont tendance à être plutôt cintrées.

SoHo recèle de nombreux restaurants cotés, où on peut faire une pause après une journée de shopping et de visites de galeries.

The Dutch

131 Sullivan Street, New York, NY 10012
(212) 677-6200

L'endroit est bondé la nuit et à l'heure du brunch dominical, donc tentez plutôt l'heure plus décontractée du déjeuner. Goûtez au *strip steak* de 500 g et au poulet frit, réputé être un des meilleurs de la ville. Trente bourbons différents à la carte complètent le tableau branché de ce restaurant à la mode.

Ed's Lobster Bar

222 Lafayette Street, New York, NY 10012
(212) 343-3236

Ici, le homard est roi : à la vapeur, grillé, en raviolis ou bien en tourte. L'attente peut être longue pour obtenir une place assise, mais qu'on soit là pour un cocktail et un *lobster roll* ou un repas plus substantiel, le beau comptoir à 29 places est toujours agréable.

Osteria Morini

218 Lafayette Street, New York, NY 10012
(212) 965-8777

L'hommage de Michael White à la taverne bolonaise classique. Ses sept années passées en Émilie-Romagne n'ont pas été perdues, comme en attestent les *cappelletti*, pâtes farcies au mascarpone truffé, baignées dans une sauce au beurre et parsemées de *prosciutto*. Des desserts simples comme la *panna cotta* sont un parfait contrepoint aux plats impeccables mais riches. La carte des vins est plus abordable que dans les autres restaurants qui composent son empire à New York.

CENTRAL PARK

Pour les New-Yorkais, seul Manhattan mérite d'être désigné « *the city* ». Dans le même ordre d'idées, on appelle Central Park tout simplement « *the park* ». Certes, il existe de nombreux jardins à New York, mais, avec ses 340 hectares, Central Park n'a pas d'équivalent en taille, ni en pure majesté. Véritable tapis de verdure, s'étendant de la 59e Rue au sud jusqu'à la 110e Rue au nord sur près de 4 kilomètres, « le parc » renferme des lacs, des terrains de sport, un zoo, des théâtres, des aires de jeu pour les enfants, et bien d'autres surprises encore qui nous permettent pendant quelques heures d'oublier l'acier, le béton et le verre. Central Park est un peu comme Manhattan : il faut apprendre à y naviguer selon l'heure, et pour ne pas rencontrer de touristes ou d'enfants, chaque New-Yorkais a sûrement son petit coin secret préféré.

Une de nos activités favorites, lorsque les beaux jours arrivent, est de pique-niquer à Central Park. Mais, alors qu'on pense ne passer qu'une heure ou deux tranquille sur l'herbe avec un ami, le pique-nique se transforme souvent très vite en un festin qui dure jusqu'au coucher du soleil. Et vraiment, il y a peu d'endroits plus agréables à New York pour voir le soleil se coucher : c'est un des rares lieux où on n'est pas entouré d'immeubles, la vue dégagée permet de bien apprécier la couleur changeante du ciel et de voir le soleil descendre entre les immeubles du côté ouest de Manhattan. La Sheep Meadow, aux alentours de la 68e Rue à l'ouest du Mall, est une pelouse qui possède plus d'un atout pour attirer les foules : une vue magnifique sur la ligne des gratte-ciel qui bordent la 59e Rue, de l'espace pour lancer un frisbee, et un petit café qui sert de quoi grignoter.

En été, de nombreux concerts en plein air ont lieu. Le plus célèbre, *Summer Stage*, présente des groupes de tous les styles de musiques et plusieurs concerts sont gratuits. Ces concerts se déroulent au Rumsey Playfield, à l'est du parc, vers l'entrée de la 72e Rue : ils sont souvent très vite complets, mais n'ayez crainte, mieux vaut parfois s'installer sur l'herbe en dehors et profiter de la musique tout en évitant la foule à l'intérieur. Un peu plus au nord, s'étend la Great Lawn : le jour, elle est envahie de sportifs qui profitent des terrains de base-ball ; le soir, elle est parfois le lieu de grands concerts ou de manifestations caritatives. En 2013, elle a accueilli le *Global Citizen Festival*, un concert réunissant Stevie Wonder,

Alicia Keys, John Mayer et bien d'autres pour sensibiliser le monde à la pauvreté. Enfin, pour ceux qui préfèrent la musique classique, le New York Philharmonic se produit ici chaque année en juillet et invite plus de 50 000 personnes à s'asseoir sous les étoiles pour un concert gratuit.

Les amateurs d'art dramatique pourront apprécier le festival *Shakespeare in the Park*, qui est l'une des traditions estivales préférées des New-Yorkais.
Les représentations, gratuites, se déroulent en plein air dans un théâtre à la grecque, le Delacorte Theater, situé à deux pas de la Great Lawn. La billetterie est ouverte à partir de 13 h le jour même. On fait donc la queue des heures à l'avance en espérant revenir le soir même pour avoir la chance de voir, par exemple, un acteur célèbre comme John Lithgow interpréter *King Lear*.

On serait tenté de penser que la patinoire Wolman Rink, au sud du parc, serait une attraction plutôt pour touristes, un de ces endroits que les New-Yorkais préfèrent éviter. Et pourtant, chaque hiver on y revient. Le plaisir de patiner avec une bien-aimée, avec les majestueux buildings de Manhattan en toile de fond, vaut bien la peine qu'on prenne le risque de partager la glace avec les touristes et en compagnie d'enfants.

Que ce soit pour une *randonnade* dans les coins boisés, pour faire une partie de tennis, visiter le zoo en famille ou pour passer un moment en amoureux sur le lac, Central Park est un des rares endroits à Manhattan où on peut vraiment prendre le temps de se perdre dans les plaisirs qui nous font oublier la trépidante vie de la métropole.

Central Park

LES SALLES DE CONCERTS

L'industrie du disque peut bien être en train de s'effondrer, la ville qui a donné au monde les Ramones, Blondie, Beastie Boys, Talking Heads et tant d'autres regorge toujours de salles de concerts et reste le meilleur endroit au monde pour dénicher de nouveaux talents, de nouveaux sons. Quelle satisfaction de penser qu'on a découvert un groupe, dans une petite salle, avant qu'il n'explose sur la scène nationale, et du petit boui-boui aux grands théâtres, on a tous un endroit où on se sent rock-and-roll. Ainsi, avec un peu d'organisation, on peut chaque soir voir plus d'un spectacle de classe mondiale dans l'un des lieux suivants.

Bowery Ballroom

6 Delancey Street, New York, NY 10002
(212) 533-2111

Installée depuis 1997 dans une ancienne boutique de vêtements du Lower East Side, cette salle de 550 places s'est rendue célèbre en accueillant des groupes branchés. Avec 3 niveaux et 3 bars, l'endroit accueille un public de fans avertis. On a pu y voir les Pixies, Grizzly Bear, Metric et Lauryn Hill, et si l'ambiance dans la salle peut être un peu *hipster* (où peut-on bien aller aujourd'hui sans les croiser ?), contrairement à d'autres salles de spectacle de la ville, les balcons sont généralement ouverts au public, et non pas réservés aux VIP, confirmant ainsi que cette salle a comme priorité de servir les vrais amateurs.

Rockwood Music Hall

196 Allen Street, New York, NY 10002
(212) 477-4155

Un des lieux préférés des New-Yorkais, qui, depuis 2006, a su se faire un nom dans le monde de la musique indépendante. Toutes les salles sont petites et confortables (murs de brique et bougies vacillantes dans l'une, par exemple), ce qui rend l'amplification à peine nécessaire. Le calendrier est rempli de chanteurs-compositeurs qui aiment jouer ici pour l'ambiance intime et le son phénoménal. Qu'on soit assis à écouter un morceau de *bluegrass* avec une bonne bouteille de rouge (choisie sur la carte des vins), ou en train de danser une bière à la main avec un groupe de rock, on est sûr de passer une bonne soirée.

Mercury Lounge

217 East Houston Street, New York, NY 10002
(212) 260-4700

C'est la destination favorite des stars et des fans de rock. Lou Reed, Joan Jett, Jeff Buckley et bien d'autres se sont produits dans cette salle d'à peine 250 places, qui abolit les limites entre les artistes et le public. Même si jusqu'à quatre groupes peuvent se succéder dans la même soirée, le *sound system* reste toujours excellent. Séparé de la salle par des portes insonorisées, le bar est idéal pour prendre un verre avec des amis pendant qu'on attend que son groupe monte sur scène.

Beacon Theater

2124 Broadway, New York, NY 10023
(212) 465-6500

Ce théâtre Art Déco d'Upper West Side a été entièrement restauré et redécoré il y a quelques années. La salle peut accueillir 3 000 personnes, l'acoustique y est de premier ordre et il n'y a aucune place aveugle. Les artistes ont tendance à jouer pour un public plus âgé (en plus des Allman Brothers qui y jouent depuis des décennies, on peut y voir Sting, Simply Red, Sade et même Johnny Hallyday quand ils viennent à New York), et le mariage du rock classique et de l'Art Déco rend les spectacles inoubliables.

Music Hall Of Williamsburg

66 North 6th Street, Brooklyn, NY 11211
(718) 486-5400

Cette autre scène musicale, à seulement une station de métro de Manhattan, accueille souvent des groupes qui ont fait salle comble à Webster Hall ou sur d'autres grandes scènes. Des artistes connus, tels que Phoenix, LCD Soundsystem et Delorean, se sont produits ici et, en 2009, John Mayer y a donné un spectacle « off » avant de passer sur la scène du Beacon Theater. Il est souvent désigné comme le petit frère de la Bowery Ballroom en raison de son *setup* similaire, et même lorsque les spectacles se déroulent à guichets fermés, la proximité de la scène par rapport aux spectateurs rend inutile la nécessité de se trouver dans les premiers rangs.

Webster Hall

125 East 11th Street, New York, NY 10003
(212) 353-1600

Inauguré en 1896, Webster Hall est le plus grand club de musique à New York. Cet espace sur plusieurs niveaux hésite entre la salle de concerts et la boîte de nuit. On peut aussi bien entendre le groupe rock Kings of Leon que des formations de hip-hop, des DJs, etc. La programmation éclectique et les personnes qui affluent vers ce lieu transforment Webster Hall en une *funhouse* en évolution permanente.

JAZZ

Ces dernières années, le jazz de New York a connu une véritable renaissance, notamment grâce à des maisons de disques indépendantes et de nouveaux festivals soucieux de redonner à cette musique une connotation cool et moderne. Certes, les grands clubs pionniers, comme le Cotton Club, le Lenox Lounge et le Birdland originels ont vécu leurs derniers jours, mais il reste des lieux où ceux qui le désirent peuvent entendre de la vraie musique.

Blue Note Jazz Club

131 West 3rd Street, New York, NY 10012
(212) 475-8592

Une institution. C'est ici que des géants tels que Dizzie Gillespie, Chick Corea, Sarah Vaughan et Ray Charles se sont produits. Les vendredis et samedis soirs, les *Late Night Groove Series* attirent, pour seulement 8 $, une clientèle plus jeune et plus locale, qui a une profonde connaissance de la scène musicale indépendante. La salle elle-même n'est pas très grande, d'où une atmosphère très conviviale, où nul ne s'étonnerait de voir Stevie Wonder ou Quincy Jones assis parmi le public et se faire appeler sur scène.

Iridium Jazz Club

1650 Broadway, New York, NY 10019
(212) 582-2121

Pour de nombreux amateurs de jazz, l'Iridium est définitivement lié au regretté Les Paul : pendant plus de douze ans, ce guitariste de légende a donné ici des concerts hebdomadaires. Les *Les Paul Mondays* lui rendent hommage chaque lundi soir. La scène est proche du public et la salle offre un son de qualité, ce qui en fait un lieu festif où les amateurs de jazz peuvent apprécier des *sets* joués par des pointures. Un seul bémol : le club est à Times Square, un quartier que les New-Yorkais évitent à cause des touristes, mais cela vaut la peine d'aller de temps à autre dans un endroit où des artistes tels que Jacky Terrasson, les Jazz Messengers et Clark Terry ont enregistré des concerts *live*.

Smalls Jazz Club

183 West 10th Street, New York, NY 10014
(212) 252-5091

Pour ceux qui recherchent une expérience authentique à Greenwich Village, Smalls est un *must*. Il fut un temps où, pour 10 $, vous pouviez écouter, dans ce club underground, des musiciens légendaires, tels que Joshua Redman, Norah Jones, Kurt Rosenwinkel et Roy Hargrove. Bien que le droit d'entrée ait doublé, l'énergie brute de cette petite salle de 48 places survit. Contrairement à la plupart des autres clubs du coin, la musique ici continue jusqu'à 4 h du matin tous les soirs. Aussi, même si l'endroit est bondé, patientez, une place assise finira toujours par se libérer.

Smoke Jazz & Supper Club Lounge

2751 Broadway, New York, NY 10025
(212) 864-6662

Ouvert en 1999, ce club de jazz décontracté mais classe attire suffisamment de personnalités musicales pour qu'on puisse vraiment le recommander aux connaisseurs. Le cadre, confortable, vous fera croire que les grands jouent dans votre salon, l'acoustique est une des plus belles de la ville. Pour ce qui est du menu, Smoke

est un cran au-dessus de la concurrence, et donc les amateurs de poulet frit et de jazz n'blues ne peuvent pas trouver mieux qu'ici. Smoke a accueilli des légendes comme George Coleman et Bill Charlap dans le passé, le trompettiste Wynton Marsalis, et le pianiste Bill Charlap. En semaine, il y a des soirées à thème, du *latin jazz* le dimanche et du funk le mercredi, par exemple. Les vendredis et samedis, ce sont des habitants célèbres du coin, comme Eddie Henderson et Cedar Walton, qui donnent des concerts informels.

Village Vanguard

178 7th Avenue South, New York, NY 10014
(212) 255-4037

Ce temple du jazz existe depuis 1935. Bien qu'il n'ait que 123 places, la liste des artistes qui en ont marqué la scène est tout simplement une encyclopédie des plus grands noms du jazz : Thelonious Monk, Miles Davis et Cecil Taylor, et les artistes les plus cotés du moment. Certes l'escalier qui mène au sous-sol est dangereusement raide et le sous-sol lui-même a l'air assez ringard, mais l'acoustique est brillante. Sonny Rollins et Wynton Marsalis y ont enregistré. Ici, pas de *dinner and a show* comme ailleurs. En fait, le seul délice servi, c'est la musique.

Barbès

376 9th Street, Brooklyn, NY 11215
(347) 422-0248

Situé dans la partie sud de Park Slope, ce mouchoir de poche (45 places) propose des concerts qui impressionneront même les fans de jazz les plus snob et les claustrophobes. Pas de droit d'entrée (*cover*), même si un don de 10 $ est suggéré, ce qui fait de Barbès l'une des options les moins chères quand il s'agit d'entendre de la bonne musique. Également beaucoup de world music, comme le grand Slavic Soul, qui marie les sons roumain, moldave et bulgare avec les racines américaines comme le gospel ou le jazz.

LES DESSERTS

Tout le monde a entendu parler de la folie du cronut à New York, et des gens qui attendent des heures durant pour s'en procurer deux maximum par personne ! Mais il serait dommage de se focaliser sur cette pâtisserie, alors qu'il y a tant d'autres artisans en ville qui font des choses merveilleuses. Chez nous, le dessert est une chose sérieuse, et peu importe la nouvelle campagne anti-obésité, il y a toujours des boulangeries et des pâtisseries fantastiques pour satisfaire toutes nos envies gourmandes.

Dominique Ansel Bakery

189 Spring Street, New York, NY 10012
(212) 219-2773

Le cronut précité, un hybride du croissant français et du donut américain fourré à la crème, est vraiment bon. Mais il ne justifie pas à lui seul qu'on fasse la queue devant la Dominique Ansel Bakery à SoHo. Depuis son ouverture, la boutique de ce Picard (un ancien de chez Fauchon) figure en tête des meilleures pâtisseries, grâce au *DKA* (*Dominique's Kouign Amann*), sa version personnelle du kouign-aman breton. Sa dernière création est un biscuit aux brisures de chocolat en forme de *shot glass* et rempli de lait froid. Et il y a encore bien d'autres douceurs à découvrir derrière le comptoir étincelant.

Two Little Red Hens

1652 2nd Avenue, New York, NY 10028
(212) 452-0476

Le cheese-cake figure au panthéon des pâtisseries new-yorkaises et celui de Two Little Red Hens est plébiscité par toute la ville. Un top doré dissimule une garniture riche et veloutée, qui repose sur une croûte de *Graham crackers*. Le fromage repose pendant 24 h, de sorte qu'il n'y a généralement pas de parts disponibles les lundis ou mardis matins (4,50 $). Mais les cheese-cakes entiers de 15 cm sont disponibles toute la semaine à 27,50 $ l'unité, ce qui semble bien cher jusqu'à ce qu'on les goûte. On comprend alors que la gourmandise a un prix. Cette pâtisserie d'Upper East Side est également connue pour sa sélection de tourtes de saison et de tartes aux fruits.

Les desserts 51

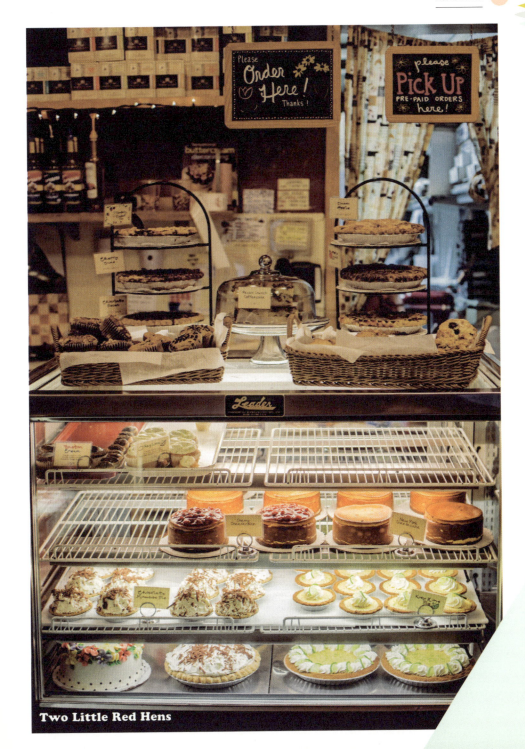

Two Little Red Hens

Lady M Confections

41 East 78th Street, New York, NY 10075
(212) 452-2222

Depuis son ouverture en 2001, Lady M a séduit tous ceux qui ont goûté les magnifiques desserts de cette boutique élégante. L'étalage de pâtisseries françaises et japonaises est si magistralement présenté qu'on ose à peine mordre dans les gâteaux de peur de nuire à leur nature idyllique. Le *Mille Crêpes Cake* légendaire, une création glorieuse faite d'au moins 20 crêpes fines fourrées d'une crème pâtissière aérée et veloutée, est devenu un tel phénomène qu'il a conduit Lady M à ouvrir d'autres enseignes à Los Angeles et Singapour.

Sugar Sweet Sunshine

126 Rivington Street, New York, NY 10002
(212) 995-1960

Voici l'une des pâtisseries les moins prétentieuses de New York. Luminaires funky, meubles de récup, personnel très sympathique, c'est typiquement le genre d'endroit où on se sent bien. Les stars ici, ce sont les *cupcakes,* comme le *Sunshine* (gâteau jaune avec de la crème au beurre vanille) ou le *Bob* (gâteau jaune avec de la crème au beurre chocolat amande). Ils coûtent moins de 2 $ pièce et ont un côté « anti-pâtisserie » où le goût compte plus que l'apparence. Alors ne soyez pas effrayé si le glaçage semble briller dans le noir.

Momofuku Milk Bar

251 East 13th Street, New York, NY 10003
(347) 577-9504

L'annexe pâtisserie de l'empire du chef coréen David Chang. L'un des attraits ici est la crème glacée à la pistache salée. Les machines Electro Freeze mises en place au Milk Bar ont dû être personnalisées pour s'adapter à de telles saveurs, mais tout ce travail en valait la peine : la crème a bien le goût de la pistache fraîchement grillée et salée, et sa texture est la plus lisse et la plus crémeuse qu'on puisse imaginer, seulement c'est de la crème glacée ! Les laits parfumés et le *crack pie* (pas de crack, juste du beurre, de la crème, des sucres et un peu de farine de maïs) sont également parfaits pour une douceur après le dîner.

Baked

359 Van Brunt Street, Brooklyn, New York 11231
(718) 222-0345

Peu de temps après son ouverture en 2005, Baked a fait le buzz avec son *Sweet & Salty Brownie*, qui lui a valu l'attention des médias. Mais d'autres gâteaux méritent le détour. Touristes et locaux apprécient les *Chunkwiches* – un sandwich de glace entre deux biscuits épais –, les *Cloud Cookies* gluants – sorte de brownie léger enveloppé dans une meringue –, et les *Millionaire Bars*, faits avec du caramel, du chocolat et de la pâte sablée. Tout cela est à déguster avec une tasse fumante d'expresso ou un chocolat chaud velouté.

LES CAVISTES

Nous vivons aujourd'hui dans un monde où presque tout peut être commandé à tout moment sur Internet et livré directement à domicile. Mais cela ne devrait pas nous décourager de fréquenter les commerçants du coin. Quel que soit le quartier où on se trouve, il y a toujours un caviste à deux pas, prêt à nous conseiller. Finie l'époque où on regardait le vin comme un produit réservé aux riches et aux Européens : mes magasins de vins préférés à New York s'emploient tous à faire de vos achats une expérience agréable et instructive.

Appellation Wine & Spirits

156 10th Avenue # 1, New York, NY 10011
(212) 741-9474

Depuis 2005, Scott Pactor n'a qu'un seul but : faire découvrir une des meilleures sélections de vins biologiques et biodynamiques de la ville. Parce que le marché du vin naturel est peu connu du consommateur moyen, le personnel a le temps d'instruire le client. Le soir, il n'est pas rare que Pactor en personne débouche une bouteille sélecte et la fasse déguster. Et pour ceux qui souhaitent aller plus loin, il y a une étagère remplie de livres sur la viticulture et la cuisine, ce qui fait de cette adresse un endroit à visiter pour plus qu'un simple achat.

Crush Wine & Spirits

153 East 57th Street, New York, NY 10022
(212) 980-9463

On dirait un musée du vin. Ce beau magasin présente une large collection de vins dans un espace où les bouteilles sont conservées dans les règles de l'art (température contrôlée, bouteilles couchées) si peu respectées ailleurs. Une salle spéciale est dédiée aux bouteilles haut de gamme et aux millésimes rares, mais Crush renferme aussi un beau choix de vins à moins de 20 $. Le personnel est formé par des sommeliers certifiés. Enfin, Crush abrite l'une des meilleures sélections de vins doux de la ville ; ainsi, les amateurs de porto, de xérès et de madère ne seront pas déçus non plus.

Le Dû's Wines

600 Washington Street, New York, NY 10014
(212) 924-6999

Ancien sommelier au restaurant Daniel, Jean-Luc Le Dû a ouvert son propre magasin dans West Village en 2005. Son équipe parcourt le monde pour déguster des vins différents et rapporter des variétés inconnues. La sélection de bouteilles est restreinte, mais unique. On y trouve des vins étonnants, de 10 $ à 200 $, et même bien plus si on le souhaite. Ce qui distingue vraiment Le Dû's Wines, ce sont les dégustations épiques que Jean-Luc organise, durant lesquelles il lui arrive parfois d'ouvrir des bouteilles plutôt coûteuses. Les connaisseurs affluent des quatre coins de la ville pour assister aux cours d'œnologie dispensés dans l'arrière-salle. Une adresse à ne pas rater quand on se trouve dans le quartier.

Pasanella & Sons

115 South Street, New York, NY 10038
(212) 233-8383

Une adresse tenue par un couple de passionnés. Les grandes portes s'ouvrent sur un petit jardin à l'arrière où ont lieu des dégustations, des cours et des événements privés. Le magasin organise ses vins selon les mets qu'ils sont destinés à accompagner, comme une pizza ou un barbecue. Une partie des 400 vins artisanaux et leurs accessoires sont regroupés par thèmes, tels que « *Just Got A Raise* » ou « *The Basic Bar* » pour faciliter l'affaire. La pièce de résistance de la boutique est une magnifique Fiat Giardiniera break de 1964, qui abrite toute la sélection de vins rosés !

Sherry-Lehmann Wine & Spirits

505 Park Avenue, New York, NY 10022
(212) 838-7500

Cette maison, fondée en 1934, est la plus ancienne à New York. Qu'on soit à la recherche d'un grand cru ou d'un vin de tous les jours, le service y est impeccable. Ce QG du vin français à New York est largement reconnu comme ayant la meilleure sélection de vins au niveau national. Le catalogue époustouflant (plus de 7 000 bouteilles) n'est que partiellement présenté chez eux sur Park Avenue, mais grâce à la boutique en ligne, votre commande sera livrée au magasin par leur navette dans les heures qui suivent.

UVA Wines

199 Bedford Avenue, Brooklyn, NY 11211
(718) 963-3939

Quand je dîne chez des amis à Brooklyn, je profite toujours de l'occasion pour m'arrêter chez UVA. La boutique réussit un tour de magie en rassemblant des centaines de bouteilles différentes dans un mouchoir de poche. La France et l'Italie sont les pays les plus représentés, et environ un tiers des vins coûtent moins de 12 $. On distingue les vins biologiques et biodynamiques grâce à leurs pastilles vertes, et le personnel, qui goûte presque chaque bouteille en vente, n'est pas avare d'explications.

Les cavistes

Pasanella & Sons

LES BARS À VIN

Éclipsés ces dernières années par la mode des bars à cocktails, les bars à vin font aujourd'hui un retour en force grâce à des cartes qui affichent des prix abordables et des sélections funky qui attirent à la fois les œnophiles en quête d'une nouvelle expérience et les novices cherchant à s'initier. L'ambiance y est souvent intime et attrayante, le service est personnel et la nourriture simple. Alors que les premiers bars à vin se concentraient sur les vins italiens et la cuisine italienne, les meilleures adresses d'aujourd'hui proposent des vins issus de France, d'Afrique du Sud, du Chili et bien d'autres, avec aussi une sélection de vins bio.

D.O.C. Wine Bar

83 North 7th Street, Brooklyn, NY 11211
(718) 963-1925

Entrer chez D.O.C., c'est réellement comme se transporter dans une villa de Sardaigne. Une foule d'Italiens s'y retrouve jusque tard dans la nuit pour porter des toasts avec des verres de crus de Sicile ou de Campanie, alors que le menu met l'accent sur les viandes de Sardaigne et les fromages au lait de brebis.

Aroma Kitchen & Wine Bar

36 East 4th Street, New York, NY 10003
(212) 375-0100

Les propriétaires, Alexandra Degiorgio et Vito Polosa, vous reçoivent dans un ancien magasin de vêtements transformé en un petit bar à vin agréable situé dans East Village. Dès l'entrée, on aperçoit un mur de brique couvert d'étagères garnies de bouteilles de vin (y compris du gragnano, un rouge pétillant assez rare) et un long bar taillé dans un tronc d'arbre. Un éclairage tamisé confère au lieu une atmosphère intime. Si la cuisine proposée dépasse les simples planches de charcuteries (le lundi, menu-dégustation de cinq plats pour seulement 30 $), la sélection de vins est vraiment l'attraction principale. Si vous êtes dans le coin, arrêtez-vous pour prendre un verre.

Vero

1483 2nd Avenue, New York, NY 10021
(212) 452-3354

Vero est un des *date spots* les plus reconnus d'Upper East Side. Le genre d'endroit où les gens du quartier se retrouvent et où ceux qui viennent pour la première fois ont tout de suite l'impression de faire partie de la famille. On passe les quelques tables de la terrasse pour entrer dans un tout petit espace avec un bar qui mène aux douze tables

Les bars à vin

City Winery

Vero

à l'arrière et qui finit avec une minuscule cuisine ouverte. Mais de cette cuisine sortent des préparations surprenantes, telles que des boulettes de viande servies dans une sauce tomate piquante, un tartare de thon exquis, et les fameux paninis de Vero (gratuits avec une consommation le lundi !). Les vins sont proposés en bouteilles (belle sélection), au verre, mais aussi, pour les indécis, en *tasting flight*, une dégustation de quelques petits verres pour que le novice trouve son plaisir.

City Winery

155 Varick Street, New York, NY 10013
(212) 608-0555

Cet espace de 200 m² comprend un bar à vin, un bar à fromages, un restaurant dédié au vin et une scène de musique. Le lieu évoque un vignoble californien, qui améliore l'expérience de la dégustation. Si vous êtes prêt à casser votre tirelire, vous pouvez avoir votre propre tonneau au sous-sol avec un vin que vous fabriquerez vous-même, de la grappe à la bouteille. Pour les autres, la carte des vins, bien étudiée, propose plusieurs verres à moins de 10 $. Ici, c'est la nourriture qui accompagne le vin, et non l'inverse, et les serveurs prennent d'abord les commandes de vin avant de proposer les accompagnements.

The Ten Bells

247 Broome Street, New York, NY 10002
(212) 228-4450

The Ten Bells, du nom du bar où Jack the Ripper rencontrait ses victimes, n'apparaît pas comme un bar à vin typique. Ce petit local sombre (30 places), avec un bar en fer à cheval, ne sert que des vins de petits producteurs bio d'Europe, de l'Oregon et du Maroc. On a besoin d'une loupe pour lire la carte des vins détaillée sur les ardoises, mais c'est une bonne chose, car cela nous ouvre aux suggestions d'un personnel qui connaît bien les vins cultes de ces régions. Des petites assiettes d'huîtres, de charcuterie basque ou des tapas classiques, telles que les *patatas bravas,* sont l'accompagnement parfait dans un endroit où l'ambiance invite à la détente.

Peasant

194 Elizabeth Street, New York, NY 10012
(212) 965-9511

Situé au sous-sol du restaurant éponyme, Peasant est une œnothèque qui offre tout ce qu'on est en droit d'attendre d'un bar à vin italien : cave à vin, murs en brique, poutres apparentes, tables communes, bougies vacillantes. La liste des bouteilles change chaque semaine, mais reste toujours abordable, et se marie bien avec les offres de charcuteries et de fromages importés par DiPaolo's, une boutique spécialisée située à deux pas. Cette cave à vin européenne offre une ambiance idéale pour les rencontres.

LES BOÎTES DE NUIT

Bien que New York soit devenu un parc d'attractions pour familles de touristes du monde entier, la ville ne manque pas d'atouts pour séduire les oiseaux de nuit. La renaissance du *dance club* fait que, lorsqu'on traîne avec des amis, qu'on recherche de la bonne musique, des boissons, de la danse et peut-être quelqu'un avec qui finir la nuit, les offres sont presque infinies. La scène de la vie nocturne est en constante évolution, mais aujourd'hui, pour vraiment se laisser aller, il y a quelques adresses qu'il ne faut pas rater.

Cielo

18 Little West 12th Street, New York, NY 10014
(212) 645-5700

Situé au cœur du Meatpacking District, Cielo est une petite boîte intime (environ 300 personnes) et sans prétention qui vise une clientèle plus intéressée par la musique et la danse que par un service VIP de bouteilles. Doté d'une sono hors pair, d'une piste de danse en contrebas baignée de lumière, sans oublier les boules à facettes, Cielo a été primé plusieurs fois. Les DJs de la New York *old school* comme François K et Tedd Patterson assurent l'ambiance, mais Cielo emploie également des DJs mondialement reconnus pour des soirées exceptionnelles.

Finale

199 Bowery, New York, NY 10002
(212) 980-3011

Dans Lower East Side, Finale est une boîte énergique et dynamique. À l'intérieur, des murs et des banquettes en velours bleu et un bar en bois de rose souligné par du chrome ancrent l'espace. Le mur vidéo derrière le DJ donne une touche intéressante rarement vue ailleurs, et un ruban de LED qui couronnent la piste de danse ajoute à la frénésie. *Tuesday Baby Tuesday*, la soirée hebdomadaire la plus durable de New York, attire toujours une foule de premier ordre à Finale, et des têtes d'affiche internationales jouent de temps en temps ici. Il est vivement recommandé de réserver sa table pour s'assurer une entrée en douceur.

Le Bain

848 Washington Street, New York, NY 10014
(212) 645-4646

Ce qui distingue Le Bain, situé au dernier étage du Standard Hotel, c'est sa piscine sur la piste de danse, unique dans la ville (distributeurs automatiques de maillots de bain pour ceux qui viennent à l'improviste). La musique est moins grand public qu'ailleurs et le filtrage à l'entrée n'est pas aussi sélectif qu'auparavant, surtout si on arrive avant minuit avec au moins autant de filles que de garçons. Le *rooftop* (toit-terrasse), l'un des plus spacieux de New York, offre une vue spectaculaire sur Manhattan et l'Hudson River, et une crêperie en cas de soudaine fringale.

Southside

2 Cleveland Place, New York, NY 10013
(212) 680-5601

Southside est la destination préférée d'une clientèle éclectique : les loups de Wall Street, les hippies, les serveurs et les acteurs s'y retrouvent en fin de nuit pour se déchaîner sans tabou sur la piste de danse. La sono joue de la soul, de la house et de la musique électro (pas de hip-hop). La petite salle souterraine peut accueillir jusqu'à 220 personnes. Il y a quelques banquettes de cuir vert pour s'asseoir et profiter d'un cocktail, mais l'énergie frénétique de l'endroit est une conséquence directe du fait que les gens viennent vraiment ici pour danser.

Output

74 Wythe Avenue, New York, NY 11211
(917) 333-1000

Output n'est pas une discothèque comme les autres. Pas de listes d'invités VIP, pas de service de bouteilles et pas de caméras. Output s'adresse à tous ceux qui préfèrent l'expérience commune de la musique à la prise de selfies. Avec des DJs comme Sasha, Tiger & Woods et d'autres grands noms, deux étages et une terrasse sur le toit, Output ressemble plus à une soirée dans un hangar qu'à une boîte de nuit new-yorkaise. Mais selon le DJ Seth Troxler : « Si vous voulez de la musique underground, il n'y a pas mieux ailleurs en Amérique. »

Bespoke Musik

soundcloud.com/bespoke-musik
www.facebook.com/bespokemusik

Bespoke Musik n'est pas une boîte de nuit, mais rassemble des passionnés de la *nightlife* de New York qui prônent un retour aux sources esthétiques de la vie nocturne new-yorkaise, poussés par la volonté de créer un espace intime et une ambiance discrète sur la piste de danse. Bespoke présente un accueil chaleureux et une ambiance cordiale qui se reflète dans la foule, vite devenue famille, attirée par les événements de grande qualité de la maison : soirées souterraines de style *warehouse* à Brooklyn et *boat parties* en été qui rassemblent des vedettes internationales telles que Dan Ghenacia, Andhim, Daniel Bortz, Rampue et Stavroz, qui jouent à bord de bateaux qui font le tour de Manhattan. L'émission de radio de renommée internationale sur Soundcloud est à ne pas manquer non plus.

Les boîtes de nuit

Output

Bespoke Musik

TASTE OF HOME

Vers la fin du XXe siècle, presque tous les restaurants les plus cotés de New York étaient français. Au début des années 2000 cependant, tout cela parut dépassé et l'accent fut mis sur la redéfinition des classiques américains et les fusions exotiques. Mais après une décennie de nouilles et de hamburgers réinventés, la cuisine classique et le bon vin font un retour en force. La France est de nouveau en vogue et les Français sont revenus rappeler aux New-Yorkais qu'ils sont toujours les rois de la magie culinaire. Pour ceux d'entre vous qui ont la nostalgie de Paris, voici quelques adresses pour retrouver les vraies saveurs de chez vous.

Cercle Rouge

241 W Broadway, New York, NY 10013
(212) 226-6252

Cercle Rouge est en résonance avec la nostalgie de Paris et la sophistication de TriBeCa. Le cadre rappelle le film éponyme de Melville : carrelage, miroirs patinés, affiches anciennes aux murs. Le chef Pierre Landet reste fidèle aux classiques de bistrot : steak frites, frisée aux lardons, magret de canard sauce cassis, bar rôti, moules frites... La brasserie fête le 14 Juillet en fermant la rue et en installant 18 terrains de pétanque, tandis que des sandwichs merguez, du Ricard et du Lillet sont vendus aux spectateurs. Musique et danseuses complètent l'ambiance festive.

Lafayette

380 Lafayette Street, New York, NY 10012
(212) 533-3000

Pour accéder à ce vaste restaurant, on passe par la boulangerie et la rôtisserie. Le restaurant lui-même, avec ses piliers, ses fenêtres géantes et ses banquettes à perte de vue, est constamment bondé de *beautiful people*. Et dans l'assiette ? Huîtres fraîches, canard au poivre, côtelettes d'agneau aux épices marocaines, tartare, pâtes fraîches, steak frites, bouillabaisse, poulet rôti pour deux, tarte aux pommes pour deux : les options sont infinies. Le lundi soir, Lafayette sert un menu composé de 4 plats spécifiques d'une région française pour 65 $.

Taste of home

Lafayette

Le Philosophe

55 Bond Street, New York, NY 10012
(212) 388-0038

Certes le décor du Philosophe n'a pas le chic parisien, mais le chef Matthew Aita compense ce défaut par une carte inspirée de la vieille école, avec quelques libertés modernes pour que cela reste intéressant. Il y a des cuisses de grenouilles et des plateaux d'huîtres ; le canard à l'orange est un simple magret parfaitement croustillant, coupé en deux et servi avec des pommes de terre et une vague sauce à l'orange ; le tournedos Rossini est généreusement nappé d'une sauce madère mouchetée de truffe noire. La carte des vins est étonnamment abordable. Le client qui peut identifier les trente-cinq philosophes au mur aura son repas offert par la maison !

Montmartre

158 8th Avenue, New York, NY 10011
(646) 596-8838

Un espace intime, baigné dans une ambiance chaleureuse, avec un petit bar en bois sombre. Quand il fait chaud, on se réfugie dans le jardin à l'arrière. Le chef Tien Ho propose sa version des techniques et aliments français, tels que le collet d'agneau à la gremolata, ou les pommes de terre « gasconnes » (des pommes de terre sautées avec une sauce épaisse au foie gras et oignons caramélisés). La liste des cocktails ne déçoit pas et des boissons aux noms rigolos comme *Don't Tell Mrs Robinson* (rhum Smith & Cross, riesling, Fernet-Branca) complètent une carte des vins bien étudiée.

Artisanal Fromagerie

2 Park Avenue, New York, NY 10016
(212) 725-8585

Artisanal est un temple du fromage, la passion du chef propriétaire Terrance Brennan. D'abord surpris par l'agression olfactive des 200 variétés de fromages qui vieillissent sur place, les gastronomes s'émerveillent ensuite devant les 4 fondues du restaurant (celle au manchego et chorizo est un pur délice !) mais aussi devant les gougères et la soupe à l'oignon gratinée. La carte propose également des classiques de bistrot : boudin blanc, steak frites et huîtres. Le tout est accompagné d'une sélection de plus de 150 vins au verre. On peut aussi acheter du fromage à emporter.

Le Barricou

533 Grand Street, Brooklyn, NY 11211
(718) 782-7372

Un magnifique bistrot : un bar élégant à l'avant, des tables éclairées aux chandelles, et une arrière-salle romantique avec une bibliothèque, des canapés confortables et une cheminée où le feu crépite dès que la température extérieure descend en desspis de 10 °C. Au menu, des classiques abordables, comme le cassoulet, la bouillabaisse et le coq au vin. Même le hamburger, un juteux morceau de bœuf de chez Pat LaFrieda, servi sur une brioche beurrée et accompagné de frites parfaites, se sent français !

BEER GARDENS

New York peut être une jungle urbaine, mais cela ne signifie pas que nous n'avons pas de jardins spacieux, surtout d'esprit bavarois, pour nous détendre. Quand la touffeur de l'été nous donne une soif que seule une énorme chope de bière peut étancher, il suffit d'une zone en plein air, de tables de pique-nique et de bières importées pour faire la fête. Du *Biergarten* classique, qui maintient les traditions du Vieux Monde dans le Nouveau Monde, aux dernières incarnations qui brouillent la vraie définition du mot, le beau temps à New York est une occasion de laisser tomber le vieux bar poussiéreux et sombre du quartier, et de se retrouver dans un jardin.

Hofbräu Bierhaus NYC

712 3rd Avenue, New York, NY 10017
(646) 580-2437

Situé juste à côté de la gare Grand Central, Hofbräu Bierhaus est une brasserie allemande qui sert tous les plats traditionnels : filet de truite fumée, boulettes de choucroute, gravlax et goulash. En plus de la carte, la maison propose une sélection de 24 bières pression, dont 6 variétés de Hofbräu. La brasserie occupe l'étage supérieur, en plein air, d'un bâtiment de 2 étages, équipé de longues tables communes, de fanions bavarois bleu et blanc et possède un balcon de 15 mètres qui donne sur l'avenue. Musique *live* les jeudis et vendredis soirs.

La Birreria

(au 15e étage du magasin Eataly)
200 5th Avenue, New York, NY 10010
(212) 937-8910

Le fait que les propriétaires soient italiens ne signifie pas qu'ils ne s'y connaissent pas en matière de brassage. Cette brasserie est la réponse contemporaine et élégante à l'engouement des New-Yorkais pour les *beer gardens*. Pendant les mois les plus froids, le bar de 1 400 m² est une serre confortable, mais lorsque la température grimpe, les vitres s'ouvrent pour révéler des vues spectaculaires. Ici, pas de nourriture allemande (il y a quand même quelques options) : on marie la bière avec des assiettes comme le sandwich au boudin noir ou des champignons shiitake frits, tout en regardant le Flatiron et l'Empire State Building.

Harlem Tavern

2153 Frederick Douglass Boulevard, New York, NY 10026, (212) 866-4500

L'immense terrasse extérieure de Harlem Tavern peut accueillir près de 300 personnes ; à l'intérieur, les clients regardent des événements sportifs sur une douzaine d'écrans ou écoutent le petit concert de jazz *live* organisé par le bar. Harlem Tavern propose 20 bières à la pression, comme la Ommegang et la Lagunitas, et 25 bouteilles, dont certaines ont des noms originaux comme Flying Dog Raging Bitch et Coney Island Albino Python. L'assiette ? Une variété de plats et de snacks. Il faut essayer le pain plat aux tomates vertes frites, et puis songer à l'histoire du quartier en regardant la vue du boulevard Frederick Douglass.

Loreley

7 Rivington Street, New York, NY 10002 (212) 253-7077

Contrairement aux autres *beer gardens*, Loreley a puisé son inspiration dans la

Loreley

ville de Cologne. On y sert de la *comfort food* allemande (assiettes de saucisses avec choucroute et purée de pommes de terre, *Wienerschnitzel*) et une douzaine de bières allemandes à la pression, mais la tradition s'arrête là. Pas de musique folklorique, pas de serveuses en costume traditionnel. Le bar est décontracté : murs en briques apparentes, lanternon, tables de pique-nique. La clientèle du quartier s'y retrouve pour savourer des bocks de bière géants comme la Spaten Ur-Märzen ou d'autres bières pression.

Zum Schneider

107 Avenue C, New York, NY 10009
(212) 598-1098

Ouverte en 2000 par Sylvester Schneider, originaire de Bavière, cette adresse est une ode aux étés qu'il a passés là-bas dans son enfance. Son rêve d'importer un authentique *Biergarten* à Alphabet City a été réalisé. Le restaurant est surtout connu pour son *Oktoberfest* et pour la Coupe du monde. Au menu, de bons petits plats germano-bavarois, avec des spécialités de saison, qu'accompagnent 12 bières à la pression. Également une liste de vins respectable, pour ceux qui craignent que la bière allemande ne nuise à leur tour de taille.

Radegast Hall & Biergarten

113 North 3rd Street, New York, NY 11211
(718) 963-3973

Quand on veut boire une *lager* comme la Weihenstephaner Dunkel Weisse ou la Pilsner Urquell, il n'y a qu'une seule adresse : Radegast, une authentique *Bierhalle* de Williamsburg, avec de longues tables en bois et une verrière rétractable (ouverte par temps chaud). On oublie la carte et on se dirige droit vers le gril où on commande de grosses saucisses polonaises, presque comme une excuse pour pouvoir continuer à savourer leur moutarde addictive. Des concerts *live* quasiment chaque soir, y compris du jazz les mercredis et jeudis.

Loreley

LES BARBIERS

Si les New-Yorkaises sont gâtées par une abondance de salons de beauté, en revanche, trouver un coiffeur pour homme ou un barbier peut vite devenir une épreuve anxiogène, surtout dans une ville comme New York où, si on ne fait pas attention, on peut payer trop cher, perdre une oreille, ou, pire encore, ressortir avec une mauvaise coupe ! New York regorge de salons de coiffure indépendants, qui offrent toute une gamme de styles, de services, de prix, et même de libations. Une coupe et un rasage devraient être un moment de plaisir et de détente pour un homme, à condition de savoir où aller.

Barbiere NYC

246 East 5th Street, New York, NY 10003
(646) 649-2640

Si la coupe de cheveux est un art, alors Lello Guida en est le Michel-Ange. Récemment arrivé de Naples, Lello travaille à l'ancienne. Il n'utilise pas de tondeuse pour couper les cheveux, et ses rasages se déroulent en plusieurs étapes (avec des serviettes parfumées à l'eucalyptus) et se terminent par un masque au rhassoul, idéal pour les peaux sensibles. Pour plus de détente encore, chaque rasage est accompagné d'un *shot* de whisky gratis. Comptez 40 $ pour une coupe, 70 $ pour un rasage et une coupe.

The Blind Barber

339 East 10th Street, New York, NY 10009
(212) 228-2123

Bien que The Blind Barber soit devenu célèbre pour son bar situé à l'arrière, le modeste salon de coiffure en façade fournit de merveilleuses prestations. Certes, ce n'est pas donné (40 $ pour une coupe, 30 $ pour un rasage avec la crème à raser maison), mais chacun de leurs services est accompagné d'un cocktail gratuit. Dès qu'on a terminé dans le fauteuil, on est invité à franchir une porte en bois qui s'ouvre sur un bar décoré dans le style des années 1920. Là, on s'acclimate à son nouveau look en sirotant une large gamme de spiritueux, y compris le cocktail maison, le *Sweeney Todd*.

Frank's Chop Shop

19 Essex Street, New York, NY 10002
(212) 228-7442

Ce salon de coiffure du Lower East Side est au service des résidents du quartier depuis des années, uniquement sur rendez-vous. Que cela ne vous décourage pas, cela signifie simplement qu'il n'y aura pas à attendre. Une coupe traditionnelle ne coûte que 30 $, mais pour 60 $, un de leurs artistes peut sculpter un design personnalisé dans votre crinière, un service qui les a rendus célèbres. Quatre chaises confortables des années 1930 et une bonne *playlist* qui joue en continu contribuent à créer une ambiance de détente.

Freeman's Sporting Club

8 Rivington Street, New York, NY 10002
(212) 673-3209

Initialement situé à l'intérieur de la boutique de vêtements pour hommes, d'autres *barbershops* ont vu le jour à New York. Freeman's offre non seulement des coupes de cheveux et un rasage de qualité (42 $ chacun ou 78 $ les deux), mais aussi des services tels que le *Hangover Treatment* (25 $), qui comprend un masque de gel moussant, des serviettes chaudes parfumées et un massage antistress du visage qui vous laissent rafraîchi après une nuit animée. C'est sans rendez-vous mais l'attente est généralement minime, ce qui permet d'apprécier le charme vintage du salon, avec ses étalages de brosses et de rasoirs anciens.

Tommy Guns

138 Ludlow Street, New York, NY 10002
(212) 477-1151

Entrer chez Tommy Guns, c'est remonter dans le temps. Rien d'étonnant à ce que l'espace soit souvent utilisé pour des tournages (comme la série *Boardwalk Empire*). On ne vient pas ici deux fois par mois, on y vient avant son mariage ou quand on a vraiment besoin d'un look impeccable. Ce salon de coiffure coiffe aussi les femmes et fait des colorations, et c'est un peu plus cher qu'ailleurs (les coupes pour hommes sont à 75 $, celles pour femmes commencent à 95 $), mais la bière et le vin gratuits adoucissent la note. Le rasage (40 $) comporte une série de serviettes chaudes parfumées aux agrumes, un baume de prérasage et de la crème à raser Baxter of California pour attendrir la peau.

Tomcats Barbershop

135 India Street, Brooklyn, NY 11222
(718) 349-9666

Une adresse kitsch à souhait, avec un nombre impressionnant de bibelots, un buste d'Elvis, une contrebasse, etc. On écoute Tom Waits grogner une ballade mélancolique sur la stéréo tout en buvant la bière offerte avant le rasage traditionnel à 30 $. Les coupes à la tondeuse coûtent 20 $, et puisque le couple qui possède l'endroit tenait auparavant un magasin de motos, on peut aussi apporter son casque pour le service de *pinstriping* de Tomcats, fait sur place pour 65 $ l'heure.

LES SALONS DE TATOUAGE

Une des qualités les plus admirables, mais aussi les plus exaspérantes, des New-Yorkais est que chacun veut se faire remarquer, que ce soit par des résultats exemplaires au bureau, ou par une tenue unique au monde. Mais même avec un jean taillé sur-mesure, il reste la possibilité de ressembler à un autre. Ce n'est pas vrai avec un tatouage ! C'est pourquoi les tatouages font de plus en plus partie de notre identité. Puisque certains des meilleurs artistes au monde résident ou passent à New York, il est devenu plus facile de se faire marquer pour se faire remarquer. Voici la fine fleur du tatouage new-yorkais.

Bang Bang NYC

26 Clinton Street, New York, NY 10002
(212) 388-1211

Keith McCurdy, connu sous le nom de Bang Bang (à cause des doubles pistolets à son cou), est célèbre pour avoir travaillé sur les toiles les plus chères au monde : les peaux des stars ! Ce nouveau salon dispose d'une salle en sous-sol en cas de visite de célébrités, de nudité, ou des deux, et même d'un espace extérieur où les clients peuvent se détendre ou pratiquer leur golf (un pot de fleurs renversé sert de cible !). L'espace ne ressemble pas à ce qu'on attend d'un *tattoo shop* : lisse et brillant, il affiche également de l'art choisi par la Gagosian Gallery.

East Side Ink

97 Avenue B, New York, NY 10009
(212) 477-2060

Cela fait plus de vingt ans que les habitants du quartier se font tatouer par la dizaine d'artistes primés qui prodiguent leur talent à East Side Ink. Une grande variété de styles sont représentés ici : couleurs vives ou noir et gris, tatouages *old school*, *new school*, japonais, pop art et bien d'autres encore. Et pour les femmes qui pourraient être intimidées à l'idée qu'un homme soit si près de leurs parties intimes, il y a plus d'artistes femmes ici que dans la plupart des salons. Comptez un minimum de 100 $ pour un tatouage standard et 200 $ de l'heure pour les grandes pièces.

Inkstop Tattoo

209 Avenue A, New York, NY 10009
(212) 995-2827

Eric Rignall a ouvert Inkstop en 1997. Ses tatoueurs, tous originaires de New York, ont des styles variés : certains, comme Eric, se spécialisent dans les lignes fines et les sujets réalistes tandis que d'autres, comme José Soto, se concentrent sur le style japonais et l'iconographie religieuse. Eric s'est toujours battu pour que l'art du tatouage devienne plus *mainstream* et surtout pour que sa boutique soit acceptée par les habitants du quartier, et dans cet effort, Inkstop est ouvert seulement jusqu'à 21 h en semaine et 23 h le week-end.

NY Adorned

47 2nd Avenue, New York, NY 10003
(212) 473-0007

New York Adorned bénéficie d'une gamme impressionnante d'artistes en résidence et de passage (l'an dernier, Adorned a fermé son emplacement de Brooklyn, de sorte que tous ses artistes et perceurs talentueux sont maintenant regroupés sous le même toit sur 2nd Avenue). Tous les styles sont représentés, des impressionnants tatouages japonais par l'artiste renommé Horizakura aux classiques d'Americana en couleurs modernes par Kris Magnotti. Les tarifs oscillent entre 100 et 200 $ de l'heure, une aubaine pour se faire tatouer dans l'un des plus célèbres salons de la ville.

Sacred Tattoo

424 Broadway #2, New York, NY 10013
(212) 226-4286

Niché entre l'animation de Chinatown et le chic de SoHo, l'emplacement de Sacred Tattoo reflète parfaitement la dualité de cette institution. Sacred n'est pas un salon de tatouage typique : à cheval sur le monde de l'art et la culture du tatouage, l'espace de 280 m² comprend une galerie d'art avec des peintures et sculptures évocatrices des tendances actuelles et d'art de la sous-culture. Près de vingt artistes résidents y exercent leur talent tous les jours de midi à 20 h.

Three Kings

572 Manhattan Avenue, Brooklyn, NY 11222
(718) 349-7755

Plus d'une douzaine d'artistes résidents et une demi-douzaine d'artistes invités travaillent à Three Kings 7 jours sur 7, de midi à 22 h, de sorte que même si certains artistes peuvent être réservés un an à l'avance, les sans-rendez-vous sont toujours les bienvenus. Si on ne trouve pas ici de tatoueur pour faire le design de son choix, c'est que cette personne n'existe nulle part. Très accueillants, les artistes vous aident à affiner votre projet et vous expliquent, en termes simples, pourquoi faire tatouer le nom de votre « future ex-copine » sur votre cou peut être une mauvaise idée. Côté prix, comptez de 85 $ à 175 $ l'heure.

Les salons de tatouage

East Side Ink

GIRLS' NIGHT OUT

Lorsqu'un groupe de gars se réunit dans une *steakhouse* ou pour regarder un match, l'expérience n'a rien de comparable avec une *girls' night out*, une « soirée entre filles ». Elles passent un temps fou à tout planifier : le lieu de l'événement, la tenue qu'elles porteront, et ce qu'elles vont manger et boire toute la nuit. L'étape la plus importante, et souvent la plus difficile, est de choisir le bon restaurant. De préférence un restaurant branché et animé pour donner le ton d'une soirée épique. Il faut une toile de fond aussi belle que les femmes. Quelques adresses à retenir pour réussir la prochaine sortie entre copines.

L'Artusi

228 West 10th Street, New York, NY 10014
(212) 255-5757

Ce *hotspot* de West Village offre un regard contemporain sur des plats italiens traditionnels. La pièce principale est une enfilade de bars en marbre blanc : le premier arrêt est le bar à alcools, où on prend un verre de vin avant de continuer vers le bar à fromages pour un peu de parmesan. Puis on s'installe dans la salle à manger à l'étage pour y déguster les pâtes rustiques du chef Gabe Thompson : *gnocchi* de pommes de terre à la sauce tomate, *fettucine* au lapin chasseur, et *pici* au crabe. Il ne faut surtout pas oublier de commander des champignons rôtis pour la table ! L'ambiance ici est rythmée et entraînante, et le décor moderne.

Beauty & Essex

146 Essex Street, New York, NY 10002
(212) 614-0146

Beauty & Essex a pratiquement été créé dans le seul but d'accueillir les *girls' night out*. On entre dans une boutique intrigante, qui a des allures de bureau de prêt sur gages, on franchit une porte déguisée à l'arrière et on découvre soudain un restaurant sur 2 niveaux, à la déco chic des années 1960. Le chef Chris Santos propose de bons petits plats à partager avec un choix abondant de fruits de mer, des *crostini* créatifs habilement nommés *Jewels on Toast*, et une sélection de viandes de première qualité, comme la côte de bœuf « vieillie » et le burger d'agneau. Cerise sur le gâteau, le personnel offre du champagne gratuit dans les toilettes des filles.

Tao Downtown

92 9th Avenue, New York, NY 10011
(212) 888-2724

Du restaurant au cachet asiatique ancien à la nourriture mondialement renommée, il n'y a rien qu'on n'aime pas à Tao Downtown. L'établissement comprend plusieurs espaces : hôtel, restaurant, bar, salon, cave, *lounge*. Les plats sont à partager et s'inspirent de toute l'Asie, comme le riz frit de Shanghai farci dans une crêpe d'œuf ou la fondue japonaise. Deux points attirent les regards : l'immense bouddha au fond de la salle à manger, et le grand escalier qui mène du bar vers la salle à manger principale : la combinaison des deux crée une ambiance sombre et sexy très dramatique. Autre bon point : la musique n'est jamais trop forte, donc la conversation entre copines peut continuer.

Yerba Buena Perry

1 Perry Street, New York, NY 10014
(212) 620-0808

Un resto au décor de vieux club cubain : papier peint tropical, peintures d'une Havane révolue, carrelage noir et blanc, et bar massif en acajou. Les plats du chef mexicain combinent les saveurs des Caraïbes et de l'Amérique du Sud, avec des *arepas,* petits pains chauds fourrés à la poitrine de porc, des tacos au poisson, des *ceviches,* ou encore des steaks « vieillis » servis avec 4 sauces différentes. Le *Trio of Fries* est un must, car les pommes de terre sont remplacées par de l'avocat, des cœurs de palmier et de la pastèque. Oui, de la pastèque frite ! Des cocktails délicieux comme le *Fig & Honey*, un excellent service et un emplacement privilégié font de Yerba Buena un autre lieu essentiel pour une *GNO*.

Catch

21 9th Avenue, New York, NY 10014
(212) 392-5978

Il n'est pas exagéré de dire que Catch est la plus grandiose et la plus ridicule opération de restauration que Meatpacking District ait jamais vue. À l'intérieur, 2 étages, 1 300 m², et 275 places assises qui accueillent des mannequins, des hommes en costume, des vieux avec leurs jeunes compagnes et d'énormes groupes de filles en pleine *GNO*. La carte débute par une option 6 huîtres & bulles pour 100 $! Puis viennent des plats à partager : un homard style cantonais surdimensionné, un vivaneau entier croustillant aux piments et à l'ail assez grand pour nourrir 6 personnes, et, bien sûr, des plateaux de fruits de mer. Le *lounge* vitré sur le toit promet des vues panoramiques et des cocktails pour environ 200 personnes afin de prolonger la fête.

Catch

LE TOIT DU MET

Tout comme le Louvre à Paris, le Metropolitan Museum of Art de New York est un *must*. Mais les foules de touristes rendent le lieu peu attrayant pour les New-Yorkais ; aussi ces derniers préfèrent-ils contourner les salles d'exposition bondées pour se diriger vers l'ascenseur caché qui mène au Roof Garden Café. Pendant les mois chauds, on y sirote des *martinis* tout en admirant la vue spectaculaire sur Central Park, l'horizon de Midtown et du West Side.

En outre, le toit du musée présente toujours des expositions spéciales. Ainsi, en 2012, l'expo *Cloud City*, de Tomás Saraceno, changeait notre perception du monde grâce à des métaux vernis qui réfléchissaient la vue autour de nous comme un kaléidoscope, alors qu'en 2013, l'artiste pakistanais Imran Qureshi a peint son œuvre, une méditation sur la violence, directement sur la surface du toit, une première pour le Met.

Le soir, le Roof Garden est majoritairement fréquenté par de jeunes cadres new-yorkais amateurs d'art, qui viennent boire un verre en écoutant un quatuor à cordes avant de poursuivre la soirée ailleurs.

Roof Garden Café & Martini Bar

(ouvert de mai à octobre)
Metropolitan Museum of Art
1000 5th Avenue #5, New York, NY 10028
(212) 535-7710

Le toit du Met

La vue du toit du Met

Le toit du Met

LES CIGARES

New York a subi l'interdiction de fumer en mars 2003 sans protester – aucune désobéissance civique, aucune manifestation en faveur de la cigarette, pas d'émeutes d'amateurs de cigares dans la rue. Depuis, il a été interdit d'ouvrir de nouveaux bars à cigares, mais il y a eu quelques exceptions : ceux qui existaient avant l'interdiction ont été autorisés à rester ouverts, et de nouveaux magasins de cigares sont encore autorisés à ouvrir. Ainsi, bien que les *steakhouses* de la ville et les clubs sociaux aient été contraints de transformer leurs caves à cigares en lingeries, il y a encore pleins d'endroits où on peut déguster un cocktail et un cigare, même si cela implique d'apporter sa propre bouteille à la fête.

The Cigar Inn

1016 2nd Avenue, New York, NY 10022
(212) 750-0809

The Cigar Inn ne vend pas d'alcool, mais les membres sont autorisés à stocker leur propre bouteille dans un casier privé. Non seulement on peut acheter des cigares haut de gamme et déguster un verre du vin qu'on a apporté, mais on peut également parcourir le magasin et apprécier leur sélection de boutons de manchettes, de pinces à billets et de stylos. Le décor est un véritable hommage aux clubs et bibliothèques privés historiques de Manhattan, où le cigare était autrefois répandu. Venez seul et contournez les fauteuils de barbier qui sont à l'avant, suivez le tapis persan qui vous mène loin de la 2nd Avenue, passez les accessoires, et sélectionnez un cigare, que vous fumerez assis dans un des confortables fauteuils en cuir tout au fond.

Club Macanudo

26 East 63rd Street, New York, NY 10065
(212) 752-8200

Qu'en est-il de la pratique perdue de manger et fumer ? Club Macanudo, le club opulent qui appartient à General Cigar Co., l'un des plus grands fabricants au monde de cigares roulés à la main, comprend une grande série de pièces avec plafonds sculptés, canapés en cuir et lumière tamisée. À l'arrière, face au mur de casiers de cigares, se trouve le restaurant, où on réserve une table pour déguster des steaks, des côtelettes de veau et d'agneau et du poisson. Club Macanudo a réussi à préserver la pratique ancestrale new-yorkaise de fumer un cigare avant, pendant et après le repas, qui n'est même plus autorisée à Las Vegas. La carte des cigares, assez longue, offre une belle sélection de cigares faits par General ainsi que quelques autres marques de qualité.

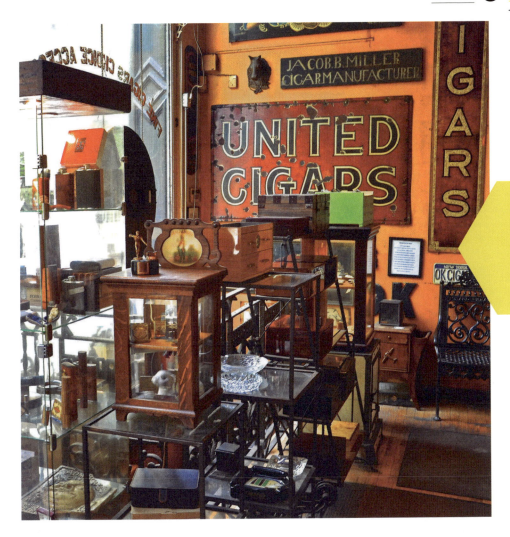

Lexington Bar & Books

1020 Lexington Avenue, New York, NY 10021
(212) 717-3902

Avec trois emplacements à Manhattan, le groupe Bar & Books propose un cigare et un cocktail pour tous les goûts, mais celui de Lexington Avenue est le plus sérieux. Ce bar attire une clientèle professionnelle et a un *dress code* que le maître d'hôtel, qui vous accueille en smoking, applique à la lettre. Donc, soignez votre look.
Le bar propose une longue liste de scotchs, des cocktails originaux, des murs tapissés de livres (l'éclairage est faible, de sorte que la plupart des clients se limitent à la lecture de la carte et laissent *La République* de Platon sur son étagère), tandis qu'une télévision diffuse en continu un film de James Bond. Au menu : petits plats et pizzas, une carte des vins bien étudiée et un bon choix de cigares.

Diamante's Brooklyn Cigar Lounge

108 South Oxford Street, Brooklyn, NY 11217
(646) 462-3876

Situé dans l'une des fameuses *brownstone houses* de la ville, dans le quartier de Fort Greene à Brooklyn, Diamante est l'une des meilleures adresses où déguster un bon cigare à New York. L'intérieur a l'air de dater d'un siècle : parquet, plafond en cuivre, meubles en cuir, vieilles lampes, anciennes photos de la famille du propriétaire, David Diamante. Pourtant, l'endroit n'existe que depuis 2009. Ouvert tous les jours, Diamante offre le cadre parfait pour baigner dans la fumée tout en appréciant une variété d'événements : concerts de jazz, boxe à la télé, *ladies' nights*. La cave à cigares, au-dessus du bar, est remplie de grandes marques, telles que Padrón, Tatuaje, versions dominicaines de Cohiba, Montecristo et Romeo y Julieta, et des cigares de Diamante. Un droit de bouchon ridiculement bas est l'invitation parfaite pour venir avec sa bouteille préférée afin d'optimiser le plaisir de fumer.

AUTRES OPTIONS

Merchants NY Cigar Bar

1125 1st Avenue, Manhattan, NY 10065
(212) 832-4610

Velvet Cigar Lounge

13 East 7th Street, New York, NY 10003
(212) 533-5582

The Cigar Inn

DENIM

Le jean parfait est un article qui semble toujours nous échapper et pourtant tout New-Yorkais doit en posséder un dans sa penderie. Certes, quand il s'agit d'acheter un jean haut de gamme à New York, les magasins ne manquent pas. Nulle part la mode du *premium denim* n'est plus répandue que dans les boutiques de NoLiTa et de SoHo, qui sont pleines à craquer de modèles couture pour tous les budgets et toutes les tailles. Mais chacune a ses spécificités pour répondre à vos besoins, alors assurez-vous de ne pas vous limiter à un seul magasin !

Atrium

644 Broadway, New York, NY 10012
(212) 473-9200

Avec son tympan en fer forgé au-dessus de la porte d'entrée, son sol en marbre blanc et ses poutres dorées au plafond, cette boutique favorite ressemble à une ancienne gare de chemin de fer. Ceux qui aiment faire du shopping en toute sérénité devront se munir de bouchons d'oreilles, car il y a souvent un DJ qui joue du hip-hop, pendant que les clients naviguent entre les présentoirs sans fin de marques de jeans comme Joe, Nudie, Prps, AG Jeans et J Brand (à partir de 170 $), de chaussures et d'accessoires pour hommes et femmes.

Jean Shop

435 West 14th Street, New York, NY 10014
(212) 366-5326

Ouvert en 2003, Jean Shop a été désigné comme l'un des 100 meilleurs magasins aux États-Unis par le magazine *GQ*. Sa spécialité : les traitements artisanaux et les motifs de délavage conçus au cas par cas pour les clients. Ce créateur peut vous confectionner un jean aussi singulier et unique que votre empreinte digitale, dans des matières japonaises haut de gamme, à partir de 320 $. Les clients pressés peuvent sauter l'attente de cinq jours pour un pantalon sur-mesure et choisir des modèles préfabriqués tout aussi bien conçus (à partir de 240 $). Également des vestes en cuir, des ceintures et des portefeuilles.

Blue In Green

8 Greene Street, New York, NY 10013
(212) 680-0555

Blue In Green est unanimement considéré comme l'une des meilleures adresses au monde pour les jeans bruts (dont la toile n'a pas été traitée). On sonne avant d'être invité à pénétrer dans cette boutique de mode masculine qui réunit une sélection impressionnante de jeans japonais cultes et rares, y compris des marques comme Japan Blue, Eternal, Left Field, Momotaro et Samurai. Les prix varient de quelques centaines de dollars à plus de 1 000 pour un modèle de chez Kyuten. Un assortiment de *street clothes* et des chaussures de marques en éditions limitées (Stone Island, Low Hurtz, Paul Smith) complètent leur étude pour un look casual cool.

Self Edge

157 Orchard Street, New York, NY 10002
(212) 388-0079

Ici, on vend principalement des jeans de marques japonaises recherchées, y compris The Flat Head, Iron Heart et Sugar Cane & Co., ainsi que des marques américaines comme Roy et 3sixteen. En outre, ce magasin s'est spécialisé dans les reproductions de denims Americana des années 1920-1950, faites par des designers japonais. Ils sont presque uniformément de couleur sombre et très rigides. Ce n'est pas ici qu'on achète des vêtements d'été ! Également une gamme complète de services : réparations, ourlets, etc.

Hickoree's Hard Goods

109 South 6th Street, New York, NY 11211
(347) 294-0005

Si vous cherchez un look plus traditionnel, c'est ici que vous trouverez un bel assortiment d'articles, bien que le magasin ne soit pas connu pour sa sélection de jeans bruts. Une variété aussi éclectique qu'impressionnante, avec des marques comme Tender, Kapital et The Quality Mending Co., entre autres. La boutique vend des articles simples et robustes qui, hormis la coupe slim, sembleraient tout droit sortis des années 1940. Ambiance rustique : murs de brique, étagères en métal, crochets aux murs d'où pendent des chemises et des sacs. Spacieux et proprement aménagé, Hickoree donne la sensation d'un magasin général et, conformément à cela, vend également des « trucs de mecs », tels que des ballons de foot en daim et des maquettes d'avions pas chères.

3x1

15 Mercer Street, New York, NY 10013
(212) 391-6969

Cette boutique de SoHo est unique en son genre. Les tailleurs experts de 3x1 peuvent vous confectionner un jean sur-mesure dans du denim provenant du Japon et de Caroline du Nord. Bien évidemment, ce service coûte cher, car les prix démarrent autour de 1 200 $. Si cela dépasse votre budget, ne vous inquiétez pas, le magasin propose également une sélection de modèles qui sont ensuite exécutés sous vos yeux dans l'atelier de confection.

AU BORD DE L'EAU

L'été à New York peut représenter beaucoup de choses, mais la seule constante sera toujours la chaleur. Une chaleur si intense que, lorsqu'un endroit n'est pas climatisé, on n'y mettra pas les pieds. Mais même la meilleure climatisation au monde ne vaut pas qu'on se prive d'une belle journée. À force de vivre au milieu des gratte-ciel, on en vient à oublier qu'on est sur une île, et tout comme les îles tropicales de nos rêves, New York est rempli de bars et de restos au bord de l'eau pour se rafraîchir avec un verre glacé et profiter d'une vue extraordinaire.

Pier-i Cafe

500 West 70th Street, New York, NY 10023
(212) 362-4450

Le Pier-i Cafe, situé sur l'esplanade le long de l'Hudson River, est un grill-bar en plein air avec deux douzaines de tables ombragées et plein de chaises longues confortables. On y boit de la bière, de la sangria ou du vin, on grignote des hamburgers et des frites tout en admirant les spectaculaires couchers de soleil. Pour ce genre d'endroit, les prix restent très raisonnables. Il y a des soirées salsa le dimanche soir et le café offre également un point de vue privilégié pour *Movies Under The Stars*, une série de projections gratuites organisées tous les mercredis à 20 h 30 par la municipalité.

Frying Pan

530 West 26th Street, New York, NY 10001
(212) 989-6363

Cet ancien bateau-phare, datant de 1929, a séjourné trois ans au fond de la baie de Chesapeake avant d'être repêché et transformé en bar. Depuis, il est devenu un des plus grands points de rassemblement lors des nuits chaudes d'été. Les places sont libres aux premiers venus et elles se remplissent vite de gens qui apprécient les seaux de Corona du bar ou les hamburgers du grill. Il est donc impératif d'arriver tôt pour être sûr d'avoir une place et de pouvoir humer l'air du large. Le vendredi, soirée de danse à l'intérieur de la coque sinistre du bateau ou sur le quai.

Au bord de l'eau

Pier-i Cafe

Crow's Nest

*Sur l'East River entre 28th & 32nd Street,
New York, NY 10016*
(212) 683-3333

Le Crow's Nest se trouve sur le pont supérieur d'un yacht amarré en permanence sur l'East River vers la 30e Rue. Plus piano-bar que fête en plein air, on vient ici pour son atmosphère plus détendue, pour siroter des cocktails raffinés et profiter de la carte de fruits de mer tout en admirant la vue géniale sur Manhattan, Brooklyn, Queens et la rivière. Quand il pleut, et si on a encore quelques sous en poche, le restaurant à thème nautique d'en bas permet de rester sec sur l'eau.

Boat Basin Café

West 79th Street, New York, NY 10024
(212) 496-5542

Un de ces lieux dont raffolent les New-Yorkais. Par nuit claire, l'interminable coucher du soleil est un spectacle dont on ne se lasse pas. On y vient aussi pour observer la foule bigarrée de fêtards qui entament leur nuit et de groupes d'amis en shorts et sandales qui rentrent d'une journée au parc, tout en sirotant des margaritas bien fortes sur la terrasse spacieuse. Et avec les bateaux qui dansent sur la marina juste en face, le Boat Basin ressemble à un yacht-club sélect, sauf que tout le monde, même le chien, est invité à la fête.

Ruby's Bar & Grill

1213 Boardwalk West, Brooklyn, NY 11224
(718) 975-7829

Ruby's est la quintessence du bar de plage, bien qu'il ait ouvert en 1928 en tant que cabaret. L'air marin salé embaume la façade ouverte du bar, la bière est servie dans des gobelets en plastique et des meubles dépareillés offrent de quoi s'asseoir. Un juke-box excellent fait tourner les hits de Sinatra et Perry Como. Aux murs, de vieilles photos en noir et blanc de Coney Island confèrent une touche rétro au décor. Le mieux est de choisir une place qui donne sur la promenade pour apprécier le défilé des excentriques du coin.

Beekman Beer Garden Beach Club

89 South Street, New York, NY 10038
(212) 896-4600

En dépit de son nom, le Beekman Beer Garden n'a pas la liste de bières la plus fantastique de la ville : on aime cet endroit pour sa vue imprenable sur le port, l'East River et le bas de la ville, et pour son ambiance de plage. Situé près de Brooklyn Bridge à South Street Seaport, cet établissement dispose de canapés en plastique confortables à l'ombre de grands parasols où on peut se reposer tout l'après-midi. Pour un peu d'action, des tables de ping-pong et des baby-foot. La nuit, le lieu accueille des concerts et des événements spéciaux. Un bar bien fourni et un grill veillent à ce qu'on ait tout ce qu'il faut pour se croire en vacances.

FOOD TRUCKS

« La ville qui ne dort jamais » aime manger, et pour le New-Yorkais toujours *on the go*, le concept de restaurants mobiles est un bon plan. Bien que le phénomène des *food trucks* ait conquis plusieurs villes à travers le pays, il y a ici une diversité d'offres qui est représentative du melting-pot culturel qu'est New York. Les cuisines du monde entier sont représentées : mexicaine, grecque, indienne, française, il n'y a pas de limites. Difficile de savoir par où commencer, mais grâce à Twitter, Facebook et une myriade de sites Web qui nous gardent constamment connectés à nos favoris, il n'y a plus à se soucier de réserver !

Korilla BBQ

@KorillaBBQ

Ce camion à tacos d'inspiration coréenne se trouve généralement dans le quartier d'affaires de Midtown tous les jours de la semaine. Korilla BBQ est célèbre pour ses divers *kimchi* et sauces qu'on empile sur un choix de protéines, telles que *Ribeye of the Tiger* (*bulgogi* de faux-filet Black Angus) ou *Wonder Bird* (cuisse de poulet marinée). Les végétariens opteront pour les tranches épaisses de tofu maison, mais peu importe le choix, on trouve son plaisir en combinant autant de garnitures que possible tout en essayant de rester propre pendant la dégustation.

Big Gay Ice Cream Truck

@biggayicecream

Habituellement stationné sur un coin de Union Square, Big Gay Ice Cream Truck sert une délicieuse glace à l'italienne avec une touche gastronomique, qui vaut à elle seule le détour : le *Salted Pimp* est une combinaison de glace vanille recouverte d'un trait de *dulce de leche* (confiture de lait), saupoudrée d'une pincée de sel de mer, puis trempée dans une sauce au chocolat qui durcit immédiatement sur la glace. C'est salé, sucré, crémeux et croquant à la fois. On parie que vous vous laisserez tenter.

Luke's Lobster

@NautiMobile

Quand Luke Holden a ouvert son premier restaurant Luke's Lobster sur la 7ᵉ Rue Est, il a révolutionné la mode du homard en vendant des *lobster rolls* de qualité pour la somme à peine croyable de 14 $. Quant à la version fast-food du *lobster roll*, voyez plutôt : du homard frais, livré directement du Maine, associé à une pointe de mayonnaise, juste ce qu'il faut pour faire tenir la chair, une légère pression de beurre au citron et une pincée de son mélange d'épices et d'herbes secret, le tout servi dans un pain brioché tartiné de beurre et grillé. Une merveille !

Morris Truck

@morristruck

L'engouement du *grilled cheese* a conquis New York au point que nous avons maintenant des restaurants qui ne servent que des variations raffinées de ce plat favori des enfants. Le Morris Truck, lui, a su garder les choses simples sans être ennuyeuses. Certains jours, il propose des options telles que gouda et collier de porc ou *pastrami* et *chimichurri*, mais son *grilled cheese* classique, avec un cheddar de New York et du landaff du New Hampshire grillés entre deux fines tranches de pain parfaitement dorées, est tout simplement sublime.

El Diablo Tacos

@ElDiabloTacos

Si seulement tous les bars de New York pouvaient suivre l'exemple de Union Pool. Sur la terrasse arrière de ce *hotspot* de Williamsburg, un camion à tacos stationné en permanence sert *tamales*, *tortas*, maïs grillé et tacos (poulet, porc, bœuf, végétarien, poissons et crevettes) de 19 h jusqu'à 3 h 30.

Comme Ci, Comme Ça

@Chefsamirtruck

Né à Casablanca, Chef Samir a importé la gastronomie de son pays sur les trottoirs new-yorkais. Son *Couscous Royale* associe bœuf, poulet, agneau grillé et merguez, un régal pour les carnivores ! Chef Samir déplace souvent son camion, donc il est impératif de vérifier où il va être d'un jour à l'autre. Qu'on soit tenté par un couscous, une brochette de *kefta* ou un *tilapia* sur riz basmati, les quatre sauces spéciales ne sont pas à négliger : elles ajoutent une touche de saveur à ses repas abordables mais qui sauront plaire au plus exigeant des gourmets.

The Halal Guys

Pas un camion, mais à ne pas rater.

Ce stand sur roulettes est situé, jour et nuit, sur la 53ᵉ Rue au coin de la 6ᵉ Avenue. L'endroit est si célèbre qu'on y fait toujours la queue. Jugez plutôt : de tendres morceaux de viande parfaitement épicés sont posés sur un lit de riz blanc ou jaune et nappés de sauces blanche et piquante. Mais méfiez-vous des imposteurs ! D'autres stands, servant des repas semblables, ont ouvert boutique sur le même coin de rue, et leurs employés portent des uniformes presque identiques, alors ouvrez l'œil !

CHINATOWN

Le quartier de Chinatown est une représentation parfaite du rêve américain. Ici réside l'une des plus denses populations d'immigrants chinois de la sphère occidentale. Une communauté croissante et florissante, qui donne aux visiteurs accès à des délices culinaires exotiques et à un sens de la tradition qu'elle a conservé parmi le paysage toujours changeant de Manhattan. Chinatown peut être l'un des quartiers les plus amusants à New York, si on sait où aller et ce qu'il faut éviter.

Nom Wah Tea Parlor

13 Doyers Street, New York, NY 10013
(212) 962-6047

Ouvert en 1920, Nom Wah a gardé le vieux charme qui a fait sa renommée depuis près d'un siècle. Les habitués et les nouveaux venus raffolent des *pork buns*, petits pains moelleux et humides remplis de morceaux généreux de viande de qualité et d'oignons caramélisés. Contrairement à d'autres maisons de *dim sum*, ici, les plats sont préparés à la commande : raviolis de crevettes traditionnels (*har gow*), nems et nouilles sautées… Dépaysant, à l'image de la salle à manger avec ses tables Art Déco.

Golden Unicorn

18 East Broadway, New York, NY 10002
(212) 941-0911

C'est l'antithèse du Nom Wah. Dans un immeuble de bureaux, on découvre un restaurant sur plusieurs niveaux avec des salles de banquet et des dragons aux yeux de braise qui recouvrent les murs. 7 jours sur 7, des chariots débordant de nourriture défilent devant des hordes d'affamés. À moins d'arriver en groupe, on se retrouve à partager une grande table avec les Chinois du coin, ce qui ouvre la voie à l'un de mes jeux favoris : le « je-prends-la-même-chose ». Pour les moins aventureux, les chariots ont des photos et des descriptions en anglais des plats qu'ils transportent. Qu'importe, les plats cantonais ici sont délicieusement subtils, savamment préparés et surtout pas gras.

Tasty Dumpling

54 Mulberry Street, New York, NY 10013
(212) 349-0070

Nombreux sont les endroits à Chinatown qui proposent 4 ou 5 *dumplings* (raviolis) pour environ 1 $, mais à Tasty Dumpling, ils sont garnis avec de la viande marinée qui rend l'ensemble juteux et plus savoureux qu'ailleurs. Et le nouveau local, plus spacieux, rend l'attente agréable (5 minutes).

Golden Unicorn

Big Wing Wong

102 Mott Street, New York, NY 10013
(212) 274-0696

Stop ! C'est ici qu'on trouve le meilleur canard laqué du quartier. Attention Big Wing Wong est aussi connu sous le nom de « 102 Noodles Town », c'est ce que l'enseigne proclame inexplicablement. Dès qu'on a goûté une tranche de son canard rôti, à la chair succulente et crépitante, on pardonne au restaurant d'avoir dix noms. Il faut laisser l'oiseau chanter seul, ne pas le noyer dans un bain de sauce hoisin, mais un bol de nouilles *wonton* couvertes de porc et de crevettes est un merveilleux accompagnement.

Bread Talk

47 Catherine Street, New York, NY 10038
(917) 832-4784

La *Dan tat* est une tarte aux œufs de Hong Kong, idéale pour clore un repas, à condition de savoir où l'acheter. La boulangerie Bread Talk est un peu à la périphérie de Chinatown, loin de l'agitation et du bruit, mais le déplacement en vaut la peine car chaque bouchée de la croûte feuilletée et croustillante qui tient en place la crème sucrée est à tomber. Et au prix de 1 $ les 2 tartes, pourquoi s'en priver ?

Yunhong Chopsticks

50 Mott Street, New York, NY 10013
(212) 566-8828

Le royaume des baguettes chinoises. Quand on se trouve à Chinatown, Yunhong Chopsticks mérite une visite, au moins une fois. Ici, vous pourrez vous procurer pour quelques dollars un joli ensemble en plastique, à garder dans le tiroir de la cuisine, ou acheter un set fait dans des matériaux nobles comme l'acajou, l'ébène et l'argent, si vous avez envie de gâter quelqu'un qui a déjà tout. Selon la tradition chinoise, offrir des baguettes propage le bonheur, et avec plus de 200 modèles différents allant de 2 $ à 600 $, il y a de quoi faire.

Posteritati

239 Centre Street, New York, NY 10013
(212) 226-2207

Avec plus de 12 000 affiches de cinéma disponibles dans la boutique, et l'accès à d'innombrables autres sur leur site, Posteritati est un excellent endroit où trouver un cadeau pour un ami cinéphile. À voir également pour son espace galerie qui accueille des mini-expositions temporaires.

Downtown Music Gallery

13 Monroe Street, New York, NY 10002
(212) 473-0043

Un sous-sol rempli de plus de 6 000 CD et disques vinyles (le reste peut être commandé en ligne) réunit ce que New York a de meilleur en matière de jazz d'avant-garde et de rock contemporain et progressif. En outre, il est rafraîchissant de trouver un personnel sans prétention désireux d'aider les néophytes à découvrir de nouvelles musiques. Des concerts de temps en temps.

ROOFTOPS

Pour les hôtels branchés, il est primordial d'avoir une piscine, un bar ou un restaurant en hauteur permettant d'observer la ville d'un point de vue différent. Être sur un toit est une expérience libératrice : bien sûr, on y respire de l'air frais, mais d'une façon plus subtile, pour les New-Yorkais qui ont passé leur journée à se battre pour atteindre le sommet de la réussite, il y a la sensation d'avoir atteint un point culminant. Qu'ils soient élégants, branchés, modernes ou classiques, les toits qui pointillent l'horizon en offrent pour tous les goûts.

Gallow Green

(bar de l'hôtel McKittrick)
542 West 27th Street, New York, NY 10001
(212) 564-1662

L'hôtel McKittrick est un théâtre, et non un hôtel. Véritable jardin sur le toit, tout ici évoque une gare de campagne (il y a même un vieux wagon). Quand le soleil se couche sur l'Hudson et les bâtiments étincelants du West Side, et que l'obscurité gagne du terrain, quelque chose d'étrange se passe. Des serveurs en uniforme blanc sortent de l'ombre, des acteurs se faufilent parmi les tables, parlant aux clients avec l'accent de leurs personnages, ce qui donne la sensation d'être à une fête d'une autre époque. Si vous n'avez pas vu la pièce *Sleep No More*, réservez votre place tout de suite.

Plunge Rooftop Bar & Lounge

(au 15e étage de l'hôtel Gansevoort)
18 9th Avenue, New York, NY 10014
(212) 660-6736

Impossible de parler des *rooftops* de New York sans mentionner leur doyen, Plunge. Cela fait plus de dix ans que l'hôtel Gansevoort est le chef de file des *party hotels*, mais la piscine sur le toit et le bar animé n'ont rien perdu de leur éclat. L'ascenseur arrive directement dans le bar (verrière en cas de pluie ou de froid). La piscine est réservée aux résidents de l'hôtel et pour des événements privés, mais le *lounge* est le point stratégique. L'espace extérieur offre une vue d'oiseau sur l'Hudson River et le New Jersey. Ce bar branché est bondé toute l'année. Optez plutôt pour un lundi ou un mardi soir, pour admirer les gratte-ciel de Midtown en toute quiétude.

Press Lounge

(au 16ᵉ étage de l'hôtel Ink48)
653 11ᵗʰ Avenue, New York, NY 10036
(212) 757-2224

Ce *rooftop bar* offre des vues à couper le souffle. Sa piscine lumineuse de 20 mètres de long et son salon vitré attirent une foule jeune, et Press Lounge est moins étouffant que les bars d'hôtels comparables d'East Side. Côté consommation, les cocktails sont à des prix raisonnables et les assiettes délicieuses (le gnocchi de fromage de chèvre est un *must*!). Certes, son emplacement à l'ouest empêche de voir certains immeubles célèbres de Manhattan, mais la vue épatante sur la rivière au *sunset* justifie qu'on se rassemble ici après le travail.

Salon De Ning

(au sommet de l'hôtel Peninsula)
700 5ᵗʰ Avenue, New York, NY 10019
(212) 956-2888

Tout ici est conçu pour ressembler au salon d'une excentrique de la jet-set du Shanghai des années 1930, nommée Mme Ning. Le décor chic et sophistiqué style « East meets West » attire une clientèle plus mondaine que les autres *rooftops* : au cours de la journée, les dames d'Upper East Side s'arrêtent après leur shopping ; à la tombée de la nuit, les financiers prennent un verre. Le toit, rempli de terrasses privées avec de larges canapés à l'orientale, offre des vues magnifiques sur la Cinquième Avenue, l'horizon de Manhattan et l'Hudson, tandis qu'à l'intérieur, des lanternes illuminent des petites tables. Commandez des *Ning Slings* et installez-vous avec votre cocktail pour admirer le coucher de soleil, qui, à coup sûr, vous fera conclure l'affaire, qu'elle soit professionnelle ou personnelle.

Upstairs

(au 30ᵉ étage de l'hôtel Kimberly)
145 East 50ᵗʰ Street, New York, NY 10022
(212) 702-1600

Cet élégant *rooftop bar*, avec verrière rétractable, offre une vue à 360 degrés. Trois ambiances intérieures/extérieures séparées complètent cet espace de 300 m², qui permet d'admirer l'iconique Chrysler Building. Le cadre est un étonnant croisement entre le style punk rock et le palais du Louvre! Très belle liste de cocktails concoctée par le mixologue de renommée mondiale, Alex Ott.

The Ides

(au sommet de l'hôtel Wythe)
80 Wythe Avenue, New York, NY 11211
(718) 460-8004

C'est la destination en hauteur la plus branchée de Williamsburg! Le bar propose une carte saisonnière des boissons, une grande terrasse et une vue imprenable sur la *skyline*. Aucune nourriture n'est servie sur le toit, donc il faut manger au restaurant Reynards au rez-de-chaussée avant de monter siroter un cocktail.

Plunge Rooftop Bar & Lounge

The Ides

BURGERS

Comme beaucoup de plats américains, le burger a des origines étrangères. C'est l'esprit inventif des Américains qui en a fait le sandwich que nous adorons aujourd'hui. Mais à New York, où certains des plus grands esprits culinaires rivalisent d'imagination pour se démarquer, le burger est parfois bien loin de la recette d'origine : du bœuf haché entre deux tranches de bon pain de mie. En se diversifiant autant, le nouveau paysage du burger a rendu incroyablement difficile de juger quel est le meilleur de la ville. Quelques adresses à retenir…

Burger Joint

(au Parker Meridien)
119 West 56ᵗʰ Street, New York, NY 10019
(212) 245-5000

En théorie, on ne va pas dans un hôtel pour manger un burger, sauf au Parker Meridien. Passée la réception de cet établissement haut de gamme, on découvre, derrière un long rideau, un petit restaurant style *college bar* avec des lambris en faux bois, des tables en bois et des murs graffités. La carte est vite lue : burgers, frites, boissons et milk-shakes. Contrairement à d'autres burgers, celui-ci est vraiment cuit sur un gril, ce qui ajoute une saveur particulière à la viande, et le fromage fond parfaitement sur le dessus.

Minetta Tavern

113 Macdougal Street, New York, NY 10012
(212) 475-3850

Une adresse sélecte et bruyante : seulement 70 sièges dans 2 salles, carrelage noir et blanc, miroirs aux murs, bar ancien et banquettes en cuir bordeaux. C'est une *steakhouse* en effet, mais la spécialité qui draine une foule de *people* et ceux qui veulent être vus avec eux est le *Black Label Burger* à 26 $, un mix de faux-filet, de côte et de poitrine « vieilli » pendant 42 jours et servi sur un pain brioché, légèrement grillé, avec des oignons caramélisés et des frites allumettes. Le vieillissement confère à la viande une saveur acidulée et piquante, qu'on ne trouve nulle part ailleurs. On s'en lèche les babines !

J.G. Melon

1291 3rd Avenue, New York, NY 10021
(212) 744-0585

Ce pub ancien est une institution d'Upper East Side depuis 1972. Le burger lui-même est aussi simple et réconfortant que l'atmosphère. La viande est cuite à la perfection, son jus imbibant doucement le *bun* grillé sur lequel elle repose, *open faced* selon la tradition, et elle est servie avec des oignons rouges et des cornichons. Avec un petit bol de frites et une pinte de bière fraîche, il n'en faut pas plus pour retrouver l'image du bonheur dans lequel de nombreux gens du quartier ont grandi ces quarante dernières années.

Spotted Pig

314 West 11th Street, New York, NY 10014
(212) 620-0393

La chef anglaise April Bloomfield est probablement responsable de l'afflux de burgers haut de gamme à New York. Sa taverne dans West Village sert un burger magnifique, de grande taille et haut en saveurs, avec des morceaux de roquefort sur un petit pain brioché qui est, contre toute convention, grillé des deux côtés. Il est servi avec des frites allumettes mais sans laitue ni tomate. Et qu'on n'essaye surtout pas de changer la commande, car ils sont célèbres pour leur refus catégorique des substitutions (seule exception, Lou Reed a été autorisé une fois à ajouter des oignons).

Fritzl's Lunch Box

173 Irving Avenue, New York, NY 11237
(929) 210-9531

Fritzl's est une représentation parfaite de l'embourgeoisement du quartier de Bushwick à Brooklyn. On entre dans un décor qui rappelle l'école primaire : chaises en plastique rouges, grande bibliothèque garnie de livres de cuisine. Malgré les origines suisses de Dan, le menu du Fritzl est tout américain, avec quelques plats aux accents mexicains. Le tout à des prix abordables. Optez pour son burger, un mélange audacieux de joue de bœuf et de paleron, cuit sur une plaque, recouvert de deux tranches de cheddar fort et placé sur un *bun* grillé. Un tandem de *relish* et d'oignon finement haché ajoute une combinaison de saveurs à ce burger.

Shake Shack

Plusieurs emplacements dans la ville
www.shakeshack.com

Depuis l'ouverture du premier kiosque à burgers à Madison Square Park en 2004, les cheeseburgers de Danny Meyer ont conquis la ville et d'autres comptoirs ont vu le jour. L'originel, dans le parc, attire toujours autant de monde, mais l'attente en vaut la peine. Avec de la viande de premier ordre, comme à Minetta Tavern, cette variante haut de gamme du burger fast-food est préparée à la commande et servie sur un pain mou avec de l'*american cheese* coulant, laitue et tomate. Le *Smoke Shack*, un cheeseburger garni de bacon fumé et un milk-shake sont la commande idéale pour faire une petite pause dans le parc quand la ville grouille tout autour.

LES SPAS

New York est une ville passionnante mais qui peut vite devenir stressante. Lorsque la chasse aux taxis ou les embouteillages nous font bouillir le sang, il faut trouver un moyen de se détendre. Par chance, New York propose une large offre de spas qui peuvent nous mener au nirvana à l'aide de massages, de gommages corporels et de soins pour nous renouveler, nous rafraîchir et nous rajeunir. Si certains établissements affichent des prix prohibitifs, d'autres sont si abordables qu'un massage hebdomadaire ne nécessite pas qu'on saute un repas pour se l'offrir.

Great Jones Spa

29 Great Jones Street, New York, NY 10012
(212) 505-3185

Voici l'un des plus beaux spas de la ville, reconnu pour son *wet lounge,* disponible pour les clients deux heures avant et une heure après les soins. Ces soins exceptionnels sont chers mais ils valent leur coût : le massage d'aromathérapie (140 $ pour 60 minutes) utilise des huiles parfumées chaudes pour faciliter la relaxation, le *Rock Rover Facial* (150 $ pour 60 minutes) comprend un lavage froid et chaud à la pierre suivi d'un masque réparateur, et le *Rosemary Citron Sea Salt Scrub* (60 $) est un gommage vigoureux du corps entier à l'aide de romarin, de zeste de citron et d'huile de carthame. Le *wet lounge* abrite une cascade de 3 étages, un bain tourbillonnant thermique et une piscine d'eau froide. Une visite au sauna de roche de rivière est l'antidote parfait contre les rigueurs de l'hiver.

Aire Ancient Baths

88 Franklin Street, New York, NY 10013
(212) 274-3777

Dans l'Antiquité gréco-romaine, les thermes étaient de vastes lieux extravagants où les gens passaient dans divers bains et étuves pour se nettoyer et soigner leurs maux. New York a désormais aussi son établissement de bains public. Le cadre est somptueux : le marbre, les éviers en pierre, et même les centaines de bougies qui illuminent l'espace, tout a été livré d'Espagne. Le niveau souterrain des 3 étages abrite les bains : des piscines chaudes, froides, à l'eau de mer et aux multijets. Il y a également un hammam et un sauna où on peut se prélasser pendant deux heures (75 $). Chaque séance (limitée à 20 personnes) commence avec un verre de jus biologique ; on peut aussi ajouter un massage de 15 à 60 minutes (10 $ - 65 $). L'établissement propose un soin « ultra luxe », qui débute avec un bain privé de 30 minutes au lait, au jus de citron, à l'huile d'olive, au cava (vin mousseux espagnol) ou au vin rouge, suivi d'un soin facial, d'un massage à quatre mains (1 h) et d'une immersion (1 h) dans les bains thermiques pour 450 $.

Ohm Spa

260 5th Avenue #7, New York, NY 10001
(212) 845-9812

Ohm Spa n'est peut-être pas aussi luxueux que certaines autres options (pas d'installations complexes comme les bains ou le hammam), mais le personnel, sympathique, propose aux clients des soins sur-mesure et effectue toute la gamme des services à la perfection, des soins des ongles à la paraffine aux traitements d'exfoliation du visage en passant par les massages reposants. Dans la salle de manucure, on est confortablement assis dans des fauteuils de massage et on regarde des films sur 2 écrans plats. Parmi les coups de cœur : le massage aux pierres chaudes (159 $ l'heure), le massage suédois (135 $) et leur spécialité, le masque exfoliant au miel de manuka (159 $). Le décor, simple, dans les tons bleu ciel et brun chocolat, attire les professionnels qui travaillent dans le quartier et n'effraie pas les hommes.

Body by Brooklyn

275 Park Avenue, Brooklyn, NY 11205
(718) 923-9400

Body by Brooklyn est l'un des secrets les mieux gardés de New York, une création de Mira et Alex Goldin qui ont visité les spas les plus renommés de France, de Russie et de Turquie pour développer le concept de leur spa. Par conséquent, leur établissement est un mélange décadent des trois cultures.

Body by Brooklyn

On peut y rester toute la journée pour 45 $ et passer une ou deux heures dans le *wet lounge* qui propose des saunas russe et suédois, un hammam turc, des piscines et des jacuzzis. Le *Red Flower Hammam* vous laissera souple et brillant pendant des jours. Les flambeurs réservent la *studio suite*, un coin magnifique avec un jacuzzi privé, un hammam, un canapé et un écran plasma, disponible pour les groupes et événements, avec en prime des hors-d'œuvre et une bouteille de champagne. *Night spa*, tous les lundis soir de 21 h à 2 h, invite les gens à profiter du spa pendant qu'un DJ joue et que des boissons sont servies au bar.

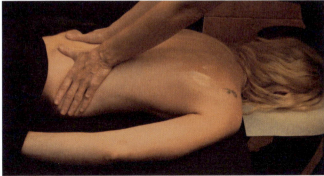

THE HIGH LINE

Peu d'endroits à Manhattan sont plus agréables lors d'une après-midi ensoleillée. Située sur une ancienne voie ferrée désaffectée en 1980, la High Line a été aménagée en espace vert suspendu, sur le principe de la Promenade plantée parisienne. Le site, qui s'étend sur plus de 2 km le long de l'Hudson, entre Meatpacking District et Chelsea, est devenu une destination pour bronzer, flâner, grignoter et apprécier l'art novateur. Cette aire de loisirs, remplie de fleurs sauvages et de prairies, offre un panorama inédit de l'activité citadine en contrebas. Neuf escaliers descendent vers la rue où de nouvelles galeries, des restaurants, des boutiques, des bars et même des hôtels ont vu le jour.

192 Books

192 10th Avenue, New York, NY 10011
(212) 255-4022

Cette librairie de Chelsea est gérée par la marchande d'art Paula Cooper et son mari, l'éditeur Jack Macrae. Belle sélection de livres : art, littérature, mémoires, histoire, politique, mais aussi jardinage, design et musique. Promenez-vous dans cette boutique aux airs de bibliothèque privée, et vous serez sûr d'y dénicher quelque chose à feuilleter une fois que vous serez installé sur l'un des bancs de la High Line.

Standard Biergarten

(à l'intérieur du Standard Hotel)
848 Washington Street, New York, NY 10014
(212) 645-4646

Repaire d'une foule branchée, la brasserie du Standard Hotel, situé directement sous la High Line, met à la disposition des clients des tables communes pour 200 personnes. Une très belle sélection de bières, y compris la Bitburger et la Köstrizer & Licher, que l'on achète grâce à un système de tickets (8 $ pièce). Et pour les accompagner, des bretzels et des saucisses. Des tables de ping-pong ajoutent à l'ambiance typique. On vient ici pour voir et pour être vu.

Blue Bottle Coffee

450 West 15th Street, New York, NY 10014
(510) 653-3394

Situé juste au-dessus de Chelsea Market près de 14e Rue, ce stand est ouvert d'avril à novembre. Il possède un bar à expressos, qui sert un café unique préparé à la demande. Leur café glacé version « *New Orleans* » (infusé à froid pendant dix-huit heures et parfumé avec de la chicorée) est le coup de fouet idéal pour entamer une balade dans le parc. On aime aussi leurs délicieuses pâtisseries maison. Au retour

de promenade, on passe acheter des sacs de grains pour se faire un délicieux café à la maison.

Chelsea Piers

23rd Street & Hudson River Park,
New York, NY 10011
(212) 336-6800

Pour ceux qui veulent plus qu'une simple promenade, Chelsea Piers est un complexe de loisirs situé au bord de l'eau à l'extrémité nord de la High Line. Les golfeurs peuvent frapper des balles sur le practice tous les jours jusqu'à minuit (comptez 25 $ pour 90 à 150 balles, selon l'heure de la journée). Si vous n'êtes pas un fan de la petite balle, essayez les courts de tennis, les murs d'escalade, la patinoire intérieure, les cages de base-ball ou le bowling.

Milk Studios

450 West 15th Street, New York, NY 10011
(212) 645-2797

Installé à Chelsea, ce beau studio polyvalent est spécialisé dans les œuvres photographiques axées sur les célébrités, la mode et la culture pop. La galerie, spacieuse et lumineuse, expose aussi bien des œuvres de la Japonaise Shinko Ito qu'une collection de photos jamais vues du Rat Pack, club qui a jadis réuni des stars comme Frank Sinatra, Sammy Davis Jr et Dean Martin.

SmokeLine

Sur la High Line, entre 15th Street et 16th Street

Cet avant-poste du restaurant BrisketTown de Brooklyn sert des sandwichs barbecue du Texas, des sodas préparés sur commande et un bon choix de tourtes. Pour une expérience High Line gourmande, le maître du barbecue Daniel Delaney, lauréat du Food & Drink Award, propose des versions conviviales du pique-nique avec ses viandes fumées. Tout est conçu pour être mangé à la main, même *The Deckle*, un sandwich garni de poitrine fumée servie sur un pain grillé et beurré avec des cornichons maison et de l'oignon cru.

Upright Citizens Brigade Theatre

307 West 26th Street, New York, NY 10001
(212) 366-9176

Après une belle après-midi dans le parc, une visite à l'Upright Citizens Brigade Theatre est la meilleure façon de terminer la journée. Les spectacles d'improvisation à l'UCB sont un rite de passage pour de nombreux comédiens célèbres et *ASSSSCAT 3000*, le spectacle doyen du dimanche soir qui présente régulièrement des acteurs vus dans *Saturday Night Live* et dans des séries de la chaîne Comedy Central, est à voir au moins une fois.

LE TOUR DU MONDE DANS L'ASSIETTE

Tout le monde sait que New York est une ville de plaisirs pour les gourmets, c'est la raison pour laquelle nous ne nous lassons pas de l'explorer pour faire des découvertes gustatives. En dépit de ce que d'aucuns pourraient penser, la cuisine de New York ne se borne pas à la pizza et aux bagels : pendant des siècles, des vagues d'immigrants ont marqué de leurs cultures la façon dont cette ville se nourrit. New York est à la fois l'une des métropoles les plus peuplées au monde et l'une des rares villes à pouvoir se targuer d'avoir une population aussi cosmopolite.

Alors que les communautés étrangères ont tendance à rester plutôt regroupées, comme la communauté asiatique à Flushing, dans Queens, les Russes à Brighton Beach, les Grecs à Astoria ou les Polonais à Greenpoint, on n'a pas besoin de se rendre dans ces enclaves pour trouver de la cuisine étrangère traditionnelle : on peut traverser des continents sans jamais quitter Manhattan.

Ces 25 restaurants présentent les plats traditionnels de leurs pays d'une manière tellement authentique qu'on se croirait en voyage. Voir les puces numérotées sur la carte page suivante.

ALLEMAGNE ❷

Heidelberg
1648 2nd Ave, New York, NY 10028
(212) 628-2332

ARGENTINE ⓳

Buenos Aires
513 E 6th St, New York, NY 10009
(212) 228-2775

AUSTRALIE ⓴

Tuck Shop
68 E 1st St #1, New York, NY 10003
(212) 979-5200

AUTRICHE ㉓

Café Katja
79 Orchard St, New York, NY 10002
(212) 219-9545

BELGIQUE ❺

BXL East
210 East 51st Street, New York, NY 10022
(212) 888-7782

CUBA ⑬

Cuba
222 Thompson Street, New York, NY 10012
(212) 420-7878

ÉGYPTE ⑪

Casa La Femme
140 Charles Street, New York, NY 10014
(212) 505-0005

ESPAGNE ❾

Café Riazor
245 West 16th Street, New York, NY 10011
(212) 727-2132

ÉTHIOPIE ❻

Queen of Sheba
650 10th Avenue, New York, NY 10036
(212) 397-0610

JAMAÏQUE ⑫

Miss Lily's
132 West Houston Street, New York, NY 10012
(646) 588-5375

INDE ⑱

Brick Lane Curry House
306 East 6th Street, New York, NY 10003
(212) 979-2900

ISRAËL ⑩

Taim
222 Waverly Place, Manhattan, NY 10014
(212) 691-1287

ITALIE ❹

Quality Italian
57 West 57th Street, New York, NY 10019
(212) 390-1111

LIBAN ❽

Ilili Restaurant
236 5th Avenue, New York, NY 10001
(212) 683-2929

MAROC ⑰

Café Mogador
101 St Marks Place, New York, NY 10009
(212) 677-2226

MEXIQUE ㉑

La Esquina
114 Kenmare Street, New York, NY 10012
(646) 613-1333

PÉROU ❼

Pio Pio
604 10th Avenue, New York, NY 10036
(212) 459-2929

PHILIPPINES ㉕

Pig and Khao
68 Clinton Street, New York, NY 10002
(212) 920-4485

POLOGNE 16

Veselka
144 2nd Avenue, New York, NY 10003
(212) 228-9682

RÉPUBLIQUE TCHÈQUE 3

Hospoda
321 East 73rd Street, New York, NY 10021
(212) 861-1038

RUSSIE 24

Moscow 57
168 1/2 Delancey Street, New York, NY 10002
(212) 260-5775

SCANDINAVIE 14

Acme
9 Great Jones Street, New York, NY 10012
(212) 203-2121

THAÏLANDE 1

Thai Market
960 Amsterdam Avenue, Manhattan, NY 10025
(212) 280-4575

TIBET 15

Tsampa
212 East 9th Street, New York, NY 10003
(212) 614-3226

VIÊT-NAM 22

Pho Grand
277 Grand Street, New York, NY 10002
(212) 965-5366

Carte du tour du monde dans l'assiette

UPTOWN

BRONX

East River

QUEENS

LE TOUR DU MONDE DANS L'ASSIETTE

1. THAÏLANDE
2. ALLEMAGNE
3. RÉP. TCHÈQUE
4. ITALIE
5. BELGIQUE
6. ETHIOPIE
7. PÉROU
8. LIBAN
9. ESPAGNE
10. ISRAËL
11. EGYPTE
12. JAMAÏQUE
13. CUBA
14. SCANDINAVIE
15. TIBET
16. POLOGNE
17. MAROC
18. INDE
19. ARGENTINE
20. AUSTRALIE
21. MEXIQUE
22. VIETNAM
23. AUTRICHE
24. RUSSIE
25. PHILIPPINES

BROOKLYN

DIVE BARS

L'embourgeoisement de New York est un fait admis et bien que les restaurants fusion et les *lounges* somptueux fleurissent dans la ville, le *dive bar* (« bar de quartier ») reste l'un des derniers liens avec un passé que beaucoup d'entre nous ont connu. Certains se plaisent à dire que ce sont des endroits sales, décorés de lumières de Noël, qui servent des boissons pas chères et de la malbouffe. Mais ce qui nous attire, c'est le côté informel de ces lieux où on se retrouve pour boire et échanger. Les barmans peuvent se montrer d'emblée amicaux ou vous ignorer alors que vous commandez la même bière depuis des années, mais ils ne vous pousseront jamais à consommer plus. Si on recherche un endroit pour boire un remontant ou une bière froide, ces bars sans prétention peuvent être un bon plan.

169 Bar

169 East Broadway, New York, NY 10002
(646) 833-7199

Les videurs à l'entrée ne sont pas là pour faire de la figuration. Ils sont sérieux quand il s'agit de tenir à l'écart l'agitation qui a caractérisé ce bar du Lower East Side ouvert depuis près d'un siècle. Alors que les anciennes serveuses qui tenaient jadis compagnie aux derniers clochards d'East Chinatown ont disparu depuis longtemps, 169 reste un endroit peu connu où on peut obtenir une combinaison « bière et *shot* » pour 3 $ et jouer au billard sans être dérangé. Bien qu'on puisse manger des huîtres jusqu'à 4 h du matin, ils offrent aussi un vaste choix de nourriture frite afin que personne ne se fasse une fausse idée sur l'endroit.

Subway Inn

143 East 60^h Street, New York, NY 10065
(212) 752-6500

Certains clients de Subway Inn semblent être accoudés au bar depuis son ouverture en 1937. Mais on peut aussi trouver dans la salle des mecs en costume qui sont là pour un *shot* en plein après-midi, des mannequins qui sortent de Bloomingdale's (en face) avec leurs *big brown bags*, et parfois même des touristes égarés à l'air un peu effrayé. Il ne faut pas avoir peur : Subway Inn est un de ces endroits où tout le monde se connaît rapidement, mais après des *shots* à 5 $ on oublie vite. Ils ne servent pas de nourriture, donc on est libre d'apporter ce qu'on veut manger au bar ou aux petites tables.

Trash

1471 First Avenue, New York, NY 10075
(212) 988-9008

Pour ceux qui aiment la *rock'n'roll attitude*, avec réservoirs d'essence de motos, photos de *hotrods* et filles à moitié nues sur les murs, c'est ici qu'il faut s'attabler. Si le cadre déborde d'objets kitsch, l'espace lui-même est rarement bondé. Situé dans un quartier calme d'Upper East Side, Trash est un *dive bar* honnête, où on peut boire quelques pintes pas chères de Bud Light et faire quelques parties de billard, tandis que le juke-box déverse du heavy metal et du rock classique. Des concerts attirent les habitants du quartier ainsi que des motards, et tous se mélangent, *shot* après *shot*, jusque tard dans la nuit.

Lucy's

135 Avenue A, Manhattan, NY 10009
(212) 673-3824

On pourrait connaître Lucy's uniquement grâce aux films qui ont été tournés ici, mais pour les habitués, c'est la propriétaire, Lucy Valosky, qui les fait revenir. C'est elle-même qui, soir après soir, avec sa fille et sa petite-fille, se trouve derrière le bar à servir des verres bien forts et faire tourner le juke-box. En plus des bières à 3 $, il y a aussi 2 tables de billard (gratuit !) et un flipper pour divertir une clientèle beaucoup plus relax que dans le reste du quartier récemment devenu branché.

Dive bars

Vazac's Horseshoe Bar (7B)

108 Avenue B, New York, NY 10009
(212) 677-6742

Avec ses banquettes délabrées et ses murs graffités, Vazac's Horseshoe Bar (également connu sous le nom de 7B) est un endroit décontracté et convivial. Ce bar, qui apparaît dans *Sex and the City*, *Serpico* et *Le Parrain II*, est fréquenté par une clientèle de tous types et de tous âges qui aime boire en paix. Le bar en fer à cheval est impressionnant, avec plus de 30 robinets de bière! Également une large sélection de bouteilles. En outre, il y a aussi 2 flippers, un Photomaton et un juke-box qui diffuse une sélection mortelle de musique punk. Un panneau au-dessus du bar « *Be nice or leave!* » dit tout sur ce lieu.

Alibi

242 Dekalb Avenue, Brooklyn, NY 11205
(718) 789-7100

Ce *dive bar* anonyme de Brooklyn attire une foule harmonieusement diversifiée de vieux habitués, les habitants du quartier de Fort Green et, pendant l'année scolaire, les étudiants d'art du Pratt Institute voisin. Avec une table de billard, un jeu d'arcade Big Buck Hunter, de mauvais films qui passent en boucle et une *happy hour* délirante (toutes les boissons sont à 3 $ ou 4 $), on comprend aisément comment ce bar a survécu et n'a presque pas changé depuis la Grande Dépression.

Au risque de scandaliser certains de mes compatriotes, me voilà prêt à proclamer New York « capitale du BBQ ». Si l'État du Texas, des capitales comme Memphis ou Kansas City, et d'innombrables petites villes ont leurs spécialités, New York les rassemble toutes. Non seulement nous prenons le meilleur du meilleur des quatre coins du pays, mais la concurrence est si féroce que nos *pit masters* doivent constamment se battre pour se démarquer, exceller et rester au top. C'est pourquoi l'art du barbecue connaît aujourd'hui une véritable renaissance à New York. Voici quelques adresses qui feront le bonheur des vrais amateurs de barbecue.

Daisy May's BBQ

623 11th Avenue, New York, NY 10036
(212) 977-1500

Un petit resto dans une zone morte de l'ouest de Manhattan. Aux manettes, Adam Perry Lang, un ancien des restaurants Daniel et Le Cirque. Son équipe y fume 2 000 livres de viande par jour et ferme le restaurant lorsque tout est vendu, comprenez à n'importe quelle heure. Le déjeuner est le meilleur moment pour déguster les *sweet & sticky* travers de porc, maintes fois primés, ou un sandwich au porc effiloché, simple mais satisfaisant, dans le style de la Caroline. Ici, pas de chichis : on commande son repas au comptoir et on le porte soi-même à l'une des grandes tables communes (idéal pour les groupes !). Parfaits aussi pour les grands groupes : les cochons entiers (jusqu'à 30 livres) à commander à l'avance.

Mighty Quinn's Barbeque

103 2nd Avenue, New York, NY 10003
(212) 677-3733

Ouvert en 2012, ce restaurant de style cafétéria produit ce qui est sans aucun doute le meilleur porc effiloché de la ville (porc Berkshire et sauce piquante), ainsi qu'un travers de bœuf massif. Une couche de poitrine sur du pain brioché avec quelques gouttes de sauce *texalina* est le genre de sandwich dont on rêve. Si on ajoute une belle liste de bières artisanales et des accompagnements uniques, tels que des *edamame* avec du fromage de chèvre, on tient là un sérieux candidat pour le concours du meilleur BBQ de la ville.

Dinosaur Bar-B-Que

700 West 125th Street, New York, NY 10027
(212) 694-1777

Situé à Harlem, Dinosaur est un peu excentré, mais si on veut se lécher les doigts dans une bonne ambiance, c'est ici qu'il faut venir. Le cadre, style restaurant de chaîne, n'enlève rien à la qualité du barbecue. Deux spécialités : les gigantesques ailes de poulet épicées et les succulents travers de porc qui se détachent de l'os. Également des accompagnements incroyables, comme les tomates vertes frites et les fèves au lard maison. L'idéal est d'y aller en famille et de commander un peu de tout !

Hill Country BBQ Market

30 West 26th Street, New York, NY 10010
(212) 255-4544

Texas Hill Country (le « pays des collines ») est peut-être la région la plus célèbre aux États-Unis pour le barbecue, Hill Country BBQ Market lui rend hommage. Dans le plus pur style texan, la viande est proposée au poids, servie sur du papier de boucherie, et dégustée aux tables communes. Le restaurant s'approvisionne directement à la source, au marché de Lockhart (Texas) et les clients se régalent de *spare ribs* charnus et de saucisses dodues avant de faire un petit tour au bar en bas pour écouter un concert. Pour les carnivores, viande à gogo le lundi, cinq heures de festin pour 27 $ seulement.

Fatty 'Cue

50 Carmine Street, New York, NY 10014
(212) 929-5050

Fatty 'Cue n'est pas le barbecue traditionnel américain et la carte, d'inspiration asiatique, est conçue pour satisfaire les palais les plus exigeants. Le *Cue Coriander Bacon*, leur spécialité, est coupé en petits carrés moelleux et laqués, et servi sur une planche de bois avec un bol de *salsa verde* délicatement sucrée. Leurs entrées méritent également le détour. Dans le style d'une boîte de nuit, le *Thai Bottle Service* (60 $ - 125 $) propose une bouteille d'alcool au choix avec *tonic* et *mixer* illimités, et les cocktails peuvent être servis par un barman personnel.

Fette Sau

354 Metropolitan Avenue, New York, NY 11211
(718) 963-3404

Situé à Williamsburg, dans un garage réhabilité, Fette Sau prépare chaque jour différentes sortes de viandes grillées, et comme à Hill Country, elles sont proposées au poids. La poitrine de porc, une offre rare dans le monde du BBQ à New York, est la vedette de la carte. Si vous venez le jour où on sert des côtes d'agneau, de la chèvre ou des joues soit de porc, soit de bœuf Wagyu, sautez dessus avant qu'elles ne disparaissent ! La bière peut être commandée de la pinte jusqu'au gallon, et une sélection fantastique de whiskies new-yorkais est disponible au bar. Succès oblige, l'attente peut être longue, aussi amenez des amis pour patienter agréablement.

MET ET LINCOLN CENTER

Le Lincoln Center est l'une des institutions culturelles les plus emblématiques de New York, le siège de onze organisations résidentes qui présentent simultanément aux New-Yorkais concerts, opéras, pièces de théâtre, spectacles de danse, films et plus encore. Parmi ses nombreux attraits, il faut mentionner la glorieuse fontaine située à l'extérieur et le prestigieux Metropolitan Opera House ou « Met », dont le foyer est décoré de fresques de Marc Chagall. Depuis 1959, le Lincoln Center est le moteur de la vie culturelle de la ville. Du New York Film Festival au Walter Reade Theater en passant par le New York City Ballet et le David H. Koch Theater, ce vaste complexe continue à attirer un grand nombre d'artistes célèbres du monde entier.

Le Met est sûrement l'endroit le plus spectaculaire au monde pour apprécier un opéra ou un ballet, et ce n'est pas un hasard si Luciano Pavarotti a choisi d'y faire ses adieux en 2004. Toutes les divas dignes de ce nom ont chanté ici : Maria Callas, Leontyne Price, Joan Sutherland, Renata Tebaldi et, bien sûr, la sainte patronne de la maison, Beverly Sills. L'espace accueille des représentations d'opéras de septembre à mai, et de nombreuses compagnies de danse internationales, comme le Ballet de l'Opéra national de Paris ou le Ballet du théâtre Mariinski de Saint-Petersbourg, s'y produisent le reste de l'année. Certains spectacles au Met peuvent rendre le meilleur de Broadway minable en comparaison, et même quand on assiste à un spectacle dépourvu de stars internationales, passer une soirée à cet opéra est toujours un événement mémorable.

Parmi les autres événements organisés au Lincoln Center tout au long de l'année, il faut retenir le *Lincoln Center Out of Doors*, un festival gratuit en août qui présente toutes sortes de spectacles, y compris des musiques du monde, de la danse et du jazz, et le *Mostly Mozart Festival*, un festival annuel d'un mois qui célèbre la musique de Mozart, mais aussi de Beethoven, Schubert, Haydn et d'autres maîtres.

En outre, en raison de l'emplacement privilégié du Lincoln Center dans Upper

Lincoln Center

West Side, il y a de nombreuses options pour dîner avant ou après le spectacle. Pour tirer le meilleur parti d'une nuit de fantaisie, une table au Bar Boulud, le restaurant informel de Daniel Boulud, qui se concentre sur le vin et une sélection de charcuteries réalisée par un acolyte du charcutier français Gilles Verot, est toujours un excellent choix, d'autant plus que l'établissement est situé juste en face du Lincoln Center. Telepan, situé à l'intérieur d'un *brownstone* classique de l'Upper West Side sur la 69e Rue, sert des plats de poissons incroyables et propose une carte des vins éclectique, surtout dans sa section « Nouveau Monde ». Et enfin, Shun Lee, un pilier des mécènes du Lincoln Center depuis longtemps, propose une délicieuse cuisine chinoise dans un cadre rétro cool, avec des statues brillantes qui pendent du plafond, et où on peut déguster plus de 50 *dim sum* différents.

Lincoln Center

10 Lincoln Center Plaza, New York, NY 10023
lc.lincolncenter.org

Bar Boulud

1900 Broadway, New York, NY 10023
(212) 595-0303

Telepan

72 West 69th Street, New York, NY 10023
(212) 580-4300

Shun Lee

43 West 65th Street, New York, NY 10023
(212) 769-3888

SHOPPING DANS UPPER EAST SIDE

L'Upper East Side est le quartier des boutiques, des bijouteries et des salons de coiffure les plus huppés au monde. C'est également dans ce périmètre que se trouvent quelques-uns des plus grands magasins emblématiques.

La section de 5th Avenue, entre les 52e et 58e Rues, se vante d'avoir l'immobilier commercial le plus cher au monde, devant les Champs-Élysées.
Le carrefour iconique de la 57e Rue Est et de la 5e Avenue est dominé à un angle par le magasin phare de Louis Vuitton, et par les boutiques de Tiffany, Bvlgari et Van Cleef & Arpels aux autres angles.

La partie de Madison Avenue située entre les 57e et 80e Rues est souvent désignée comme la « Gold Coast » du shopping, c'est-à-dire la côte d'or. Elle propose tout ce qu'il faut pour satisfaire les besoins des accros du shopping, et bénéficie de la visibilité de la 5e Avenue qui accueille les flux touristiques. Voici quelques adresses à ne pas manquer sur Madison :

Milly
900 Madison Avenue, New York, NY 10021
(212) 395-9100

Schutz
655 Madison Avenue, New York, NY 10065
(212) 257-4366

Alexis Bittar
1100 Madison Avenue, New York, NY 10028
(212) 249-3581

Et puis, il y a les trois grands magasins de l'Upper East Side, les fameux « 3 B » : on peut y passer des après-midi entières à parcourir toutes les grandes marques de robes, de chaussures, d'accessoires, et même d'objets de déco sans avoir à faire un mètre sur le trottoir.

Shopping dans Upper East Side

Le croisement entre la 5ᵉ Avenue et la 57ᵉ Rue Est

Barneys New York

660 Madison Avenue, New York, NY 10065
(212) 826-8900

Les *fashionistas* qui en ont les moyens fréquentent Barneys New York. Offrant les créations les plus branchées à New York, ce grand magasin est à visiter surtout pendant les soldes semestriels qui peuvent mettre ces modes à la portée des petits budgets. Le rez-de-chaussée abrite une sélection pointue d'accessoires (montres Hermès et foulards Pucci), tandis que le rayon chaussures propose presque tout ce qui existe chez Manolo Blahnik et Miu Miu.

Bergdorf Goodman

754 5th Avenue, New York, NY 10019
(212) 753-7300

Situé dans l'ancien manoir Vanderbilt, Bergdorf Goodman est spécialisé dans la mode de luxe, les articles ménagers et les accessoires. Le magasin abrite de grands noms synonymes d'élégance : Caroline Herrera et Ralph Lauren, mais aussi des styles un peu plus *edgy*, tels que Proenza Schouler et Doo Ri. Bien connu pour ses classiques haut de gamme, Bergdorf Goodman a néanmoins élargi son offre pour y inclure des articles destinés à un public plus jeune. La succursale pour homme est située en face.

Bloomingdale's

1000 3rd Avenue, New York, NY 10022
(212) 705-2000

Classé parmi les attractions touristiques de la ville, Bloomingdale's est certainement l'une des institutions les plus importantes de New York. Même les professionnels les plus aguerris peuvent se sentir accablés par l'immense choix que propose ce grand magasin. Des sacs à main aux produits de beauté en passant par la décoration et les vêtements de créateurs, il y a de tout ! De plus, on y trouve régulièrement des soldes surprenants. Et en prime, les glaces italiennes de 40 Carrots au 7e étage ou bien les *cupcakes* de Magnolia Bakery au rez-de-chaussée peuvent ajouter une touche gourmande et redonner des forces pour parcourir les 8 étages.

SE DÉPLACER

Malgré les 13 millions de gens qui fourmillent dans ses rues en semaine, New York parvient toujours à faire en sorte que les déplacements en ville se déroulent relativement sans tracas.

Les 14 000 *yellow cabs* (taxis jaunes) légendaires de New York zigzaguent dans les rues 24 h sur 24, mais il faut de la chance pour en trouver un prêt à prendre une course à l'heure du changement de service des chauffeurs, c'est-à-dire entre 16 h et 17 h. Nous sommes également fiers d'avoir l'un des plus anciens et des plus vastes réseaux métropolitains au monde. Près de 6 millions d'usagers par jour ! C'est de loin le moyen le plus efficace de se déplacer d'un bout à l'autre de la ville, et le nombre de passagers ne cesse de croître, en corrélation avec l'augmentation des prix de l'essence et des taxis. Grâce à son plan en damier, Manhattan est également facile à parcourir en bus. En somme, presque chaque avenue a un moyen de transport nord-sud et la plupart des

grandes rues transversales des options est-ouest. Seulement voilà, les taxis peuvent rester coincés longtemps dans les embouteillages, les bus sont lents (sauf tard la nuit quand ils déposent les passagers en dehors des arrêts prévus, pour éviter les craintes nocturnes), et en métro on peut être serré comme des sardines. Alors, depuis 2013, les New-Yorkais ont un nouveau moyen de locomotion à leur disposition.

L'équivalent du Vélib' est enfin arrivé! Les *Citibikes* bleus en libre-service sont désormais le nouveau symbole de New York. Avec une flotte de plus de 6 000 vélos et 330 stations à Brooklyn et Manhattan (jusqu'à la 59e Rue), le programme a connu un succès immédiat. L'année 2014 verra des expansions majeures si tout va bien, et nous devons espérer que ce sera le cas, car on dénombre déjà près

de 50 000 trajets quotidiens à vélo et la demande gagne du terrain. Les pistes cyclables font aujourd'hui partie du paysage urbain et, après un hiver 2013 de sinistre mémoire, New-Yorkais et touristes pourront enfin profiter d'une brise agréable en faisant le tour de la Grosse Pomme sur leurs vélos bleu brillant. À 10 $ le *pass* journalier, c'est l'option la plus saine.
Consulter www.citibikenyc.com pour la carte des stations.

UNE ADRESSE PAR QUARTIER

On ne se perd pas facilement à New York, mais il arrive souvent qu'on se trouve dans des quartiers moins familiers. Dans ces cas-là, il est toujours bon d'avoir au moins une adresse de repère, que ce soit un bar ou une boutique, un parc ou un musée. Si le hasard me conduit dans un de ces quartiers, et que j'ai un peu de temps à perdre, je me dirige directement vers ces endroits.

HARLEM

Rucker Park

West 155th Street & 8th Avenue, Manhattan, NY 10039

Certains des meilleurs de la NBA ont perfectionné leurs talents dans ce parc, et y reviennent de temps en temps hors saison.

SPANISH HARLEM

Patsy's

2287 1st Avenue, New York, NY 10035

Une des premières pizzerias de New York dans un quartier qui était autrefois une enclave italienne.

YORKVILLE

Bounce Uptown

1403 2nd Avenue, New York, NY 10021

Un bar sympa en semaine avec une excellente *happy hour*, et qui, le week-end, est bondé de fans de sport qui viennent voir les matchs autant que les serveuses qui dansent sur le bar.

UPPER EAST SIDE

Solomon R. Guggenheim Museum

1071 5th Avenue, New York, NY 10128

Ce musée mérite largement de vous offrir un billet pour admirer ses belles expositions et son architecture unique.

Une adresse par quartier

MIDTOWN

Moma Garden

11 West 53rd Street, New York, NY 10019

L'accès au jardin de sculptures du Museum of Modern Art nécessite de s'acquitter d'un ticket d'entrée au musée, mais pour échapper à la folie de Midtown, il n'y a pas de meilleur remède.

MURRAY HILL

Waterfront Ale House

540 2nd Avenue, New York, NY 10016

Impossible de ne pas s'arrêter dans ce bar en face du grand cinéma de Kips Bay avant ou après un film, pour déguster leur BBQ extraordinaire et rapporter une bouteille de leur sauce piquante chez soi.

GRAMERCY

Rose Bar @ Gramercy Hotel

2 Lexington Avenue, New York, NY 10010

Le grand luxe des bars d'hôtels de Manhattan ; il peut être difficile d'être admis à une soirée dans ce magnifique espace rempli d'œuvres d'art. N'hésitez pas à y entrer pour voir le bar et son billard unique en son genre.

EAST VILLAGE

Crif Dogs

113 St Marks Place, New York, NY 10009

Un tout petit espace décoré de jouets et de jeux d'arcade. On y vient pour son large choix de hot-dogs, et on peut accéder à un bar à cocktails en franchissant la porte d'une cabine téléphonique.

LITTLE ITALY

Torrisi Italian Specialties

250 Mulberry Street, New York, NY 10012

Il ne reste que des pièges à touristes à Little Italy, mais juste à l'extrémité, Torrisi, sert des sandwichs *chicken parm* et *sausage and pepper* à emporter le midi, tandis qu'au dîner, les 18 personnes qui ont la chance d'avoir une place dégustent le menu du chef, le seul choix proposé.

LOWER EAST SIDE

Katz's Deli

205 East Houston Street, New York, NY 10002

Le *pastrami on rye* est un des sandwichs les plus célèbres de New York, et depuis la fameuse scène de *Quand Harry rencontre Sally* où Meg Ryan simule un orgasme à table, on fait la queue à l'entrée pour y goûter.

FINANCIAL DISTRICT

Stone Street

Pas d'adresse ici, le mieux c'est de commencer à un bout de la rue et de boire et manger jusqu'à l'autre bout. Quand il fait beau et que les tables sont installées sur la rue pavée, l'ambiance est unique dans toute la ville.

TRIBECA

Korin

57 Warren Street, New York, NY 10007

Les chefs, professionnels et amateurs, adorent cette boutique pour la sélection de couteaux et autres ustensiles de cuisine, mais aussi pour admirer le travail de Chirau Sugai, le spécialiste qui s'occupe d'aiguiser les lames en boutique.

WEST VILLAGE

Fat Cat

75 Christopher Street, New York, NY 10014

Bar souterrain fréquenté par les étudiants de NYU, Fat Cat dispose de dizaines de tables de billard, de ping-pong, et d'autres jeux, et le bar vend les bières par caisses de douze.

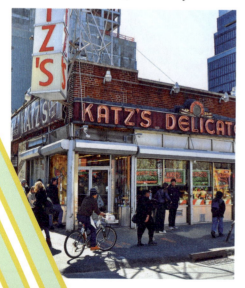

CHELSEA

Sleep No More

530 West 27th Street, New York, NY 10001

Une pièce de théâtre, basée sur *Macbeth*, où les spectateurs portent des masques, n'ont pas le droit de parler et sont guidés en groupe à travers une vingtaine de salles dans lesquelles se déroule la pièce. Une sortie à ne pas manquer !

THEATER DISTRICT

Russian Vodka Room

265 West 52nd Street, New York, NY 10019

Si on se trouve à Times Square, ce qui est bien rare, on se réfugie ici pour siroter quelques *shots* de leurs délicieuses vodkas parfumées, histoire d'oublier l'agitation de la foule au-dehors.

UPPER WEST SIDE

Shalel Lounge

65 West 70th Street, New York, NY 10023

Un bar d'inspiration marocaine, il faut trouver un escalier illuminé de petites bougies pour y accéder. Une fois en sous-sol, on s'installe dans une des « caves » aux murs de pierre et remplies de coussins pour apprécier de la bonne musique et des petites assiettes à partager.

MORNINGSIDE HEIGHTS

Fairway

2328 12th Avenue, New York, NY 10027

Un des plus grands supermarchés de la ville, Fairway a de tout mais le plus amusant c'est d'enfiler un des gros manteaux mis à disposition avant de pénétrer dans le département de viandes et poissons, où la température est contrôlée idéalement pour garder les produits frais.

CENTRAL PARK

The Loeb Central Park Boat House

East 72nd Street and 5th Avenue, New York, NY 10021

Pour ceux qui veulent plus qu'un pique-nique dans le parc, une petite sortie en barque sur le lac ouvre l'appétit avant de prendre une table à la Boathouse pour déjeuner en amoureux.

The Loeb Central Park Boat House

Vue de Manhattan avec la nouvelle Freedom Tower

Le tramway de Roosevelt Island

Brooklyn Bridge la nuit

Manhattan et ses taxis jaunes

Downtown Manhattan

Le Plaza

OPEN 24 HOURS

New York a la réputation d'être « la ville qui ne dort jamais ». Si certains coins se sont assagi, et bénéficient d'un sommeil réparateur, la ville offre aux oiseaux de nuit de quoi se divertir à toute heure. Bien sûr, les boîtes de nuit du monde entier ont désormais des soirées qui bougent jusqu'à l'aube, mais c'est seulement à New York qu'on peut quitter une fête et avoir encore l'embarras du choix en matière de distractions. Chaque carrefour a une épicerie ou un *diner* ouvert 24 h sur 24, mais voici quelques options un peu plus intéressantes qui attirent toujours les New-Yorkais après une soirée animée.

Space Billiards

34 West 32nd Street, New York, NY, 10001
(212) 239-4166

Situé au 12e étage d'un immeuble de bureaux à Koreatown, surnom qu'on donne à la 32e Rue bordée de boutiques et de restaurants coréens, Space Billiards est une salle de billard propre, spacieuse et bien éclairée (par les néons des marques de bières). L'emplacement clandestin est vraiment réservé aux as du billard, prêts à braver un ascenseur incertain pour y jouer, et bien sûr à ceux pour qui une partie de billard, normale ou coréenne, à 6 h du matin semble être la prolongation naturelle d'une sortie en ville. Pour les fumeurs, une sortie de secours donne sur un escalier extérieur qui livre une vue magnifique de l'Empire State Building.

Wo Hop

17 Mott Street, New York, NY, 10013
(212) 962-8617

Ce restaurant chinois est situé à la fin de Mott Street à Chinatown, un bout de rue peu éclairé où on peut s'imaginer en plein film de gangsters. Un escalier conduit à une salle souterraine habituellement remplie de Chinois d'un côté, de flics du quartier de l'autre. Et au milieu de tout ça, des gens à la recherche d'un plat de nouilles ou de porc caramélisé pour aider à rétablir leur équilibre. La nourriture est authentique et délicieuse, et pas seulement à 5 h du matin quand on est prêt à dévorer tout et n'importe quoi.

Gray's Papaya

2090 Broadway, New York, NY 10023
(212) 799-0243

On trouve à chaque coin de rue à Manhattan des petits stands ambulants de hot-dogs. Mais ces hot-dogs, qui trempent dans un bain d'eau chaude toute la journée, n'ont pas le rapport qualité-prix de la spécialité de Gray's Papaya situé dans Upper West Side. Papaya fait référence à la boisson à la papaye vendue ici, souvent en combinaison avec 2 hot-dogs, sous le nom de *Recession Special*, pour moins de 5 $. Les hot-dogs sont grillés, servis dans un *bun* chaud, et craquent à chaque bouchée, même sous une couche de choucroute ou d'oignons, les deux offerts sans supplément. Une bonne formule pour faire une pause rapide à midi ou à minuit.

Staten Island Ferry

Staten Island Ferry
Whitehall Ferry Terminal
4 South Street, Battery Park, Manhattan

Ce ferry qui relie Manhattan et Staten Island part toutes les 30 minutes, et toutes les 20 minutes aux heures de pointe. Après une longue soirée en boîte, on aime prendre un sandwich à emporter et s'installer en plein air pour une traversée en bateau matinale.
Le ferry offre une vue extraordinaire de la statue de la Liberté ainsi que de la pointe de Manhattan au lever du soleil. Un moment magique et inoubliable !

Chorus Karaoke

25 West 32nd Street, 3rd Floor, New York, NY 10001
(212) 967-2244

À quelques pas de Space Billiards, Chorus Karaoke nous propose de chanter jusqu'à l'aube. Une salle avec une scène et un bar accueille les chanteurs en solo ou en petit groupe qui veulent juste boire un verre et chanter quelques chansons, tandis que des salles privées peuvent être louées à l'heure pour les groupes plus importants ou des événements spéciaux. Une bonne sélection de chansons (américaines et coréennes) et de bières fait de ce lieu une destination favorite des amateurs de karaoké.

Grand Morelos

727 Grand Street, Brooklyn, NY 11211
(718) 218-9441

Grand Morelos, à Williamsburg, propose la carte parfaite pour combler un creux tard le soir quand les bars du coin ont fermé. Les spécialités du *diner* américain y sont, à savoir des burgers juteux et des milkshakes épais, avec en renfort des choix mexicains, tels qu'une grande variété de *tortas*, de *fajitas* au bœuf ou au poulet, et un *guacamole* délicieux. Petit conseil : la sauce piquante verte va avec absolument tout. Tout est fraîchement préparé, et même les chips arrivent à table encore chaudes. De plus, l'endroit se double d'une boulangerie, donc on peut acheter leur fameux gâteau *Tres Leches* à emporter quand on a fini d'en dévorer à table !

Index des adresses citées classées par thématique

RESTAURANTS

15 East	32
ABC Cocina	17
Acme	109
Artisanal Fromagerie	64
Baked	52
Balthazar	8
Bar Boulud	120
Beaumarchais	16
Beauty & Essex	74
Benjamin Steak House	23
Big Gay Ice Cream Truck	89
Big Wing Wong	93
Blue Ribbon Sushi	33
Bread Talk	94
Brick Lane Curry House	108
Brother Jimmy's BBQ	29
Buenos Aires	107
Burger Joint	98
Buvette	8
BXL East	108
Café Katja	107
Café Mogador	108
Café Riazor	108
Casa La Femme	108
Catch	75
Cercle Rouge	62
Churrascaria Plataforma	25
Clinton Street Baking Company	8
Comme Ci, Comme Ça	90
Crave Fishbar	35
Cuba	108
Daisy May's BBQ	116
Dinosaur Bar-B-Que	118
Docks Oyster Bar & Grill	35
Ed's Lobster Bar	40
Egg	10
El Diablo Tacos	90
Essex	35
Fatty 'Cue	118
Fette Sau	118
Fish	35
Fritzl's Lunch Box	100
Geido	32
Golden Unicorn	92
Grand Central Oyster Bar	36
Grand Morelos	137
Gray's Papaya	137
Gyu-Kaku	34
Heidelberg	107
Hill Country BBQ	
Market	118
Hospoda	109
Ilili Restaurant	108
Joseph Leonard	10
Katz's Deli	130
Keens	23
Korilla BBQ	89
L'Artusi	74
La Esquina	108
Lafayette	62
LAVO	17
Le Barricou	64
Le Philosophe	64
Luke's Lobster	90
Maison Premiere	36
Mighty Quinn's Barbeque	116
Minetta Tavern	98
Miss Lily's	108
Montmartre	64
Morris Truck	90
Moscow 57	109
Nom Wah Tea Parlor	92
Old Homestead	25
Osteria Morini	40
Paradou	18
Patsy's	128
People's Republic of Brooklyn	17
Peter Luger	24
Pho Grand	109
Pig and Khao	108
Pio Pio	108
Poco	18
Quality Italian	108
Queen of Sheba	108
Sammy's Roumanian	25
Sarabeth's	17
Shake Shack	100
Shopsins	10
Shun Lee	120
Smith and Wollensky	24
SmokeLine	106
Sparks Steak House	23
Spotted Pig	99
Standard Biergarten	104
Stone Street	130
Taim	108
Tao Downtown	75
Tasty Dumpling	92
Telepan	120
Thai Market	109
The Dutch	39
The Halal Guys	91
The John Dory Oyster Bar	36
The Loeb Central Park Boat House	131
Torrisi Italian Specialties	130
Totto Ramen	34
Tsampa	109
Tuck Shop	107
Veselka	109
Wo Hop	136
Yasuda	33
Yerba Buena Perry	75

BARS

169 Bar	113
Alibi	115
Aroma Kitchen & Wine Bar	56
Beekman Beer Garden Beach Club	88
Bemelmans Bar	14
Blue Bottle Coffee	104
Boat Basin Café	88
Bounce Sporting Club	29
Bounce Uptown	128
Chorus Karaoke	137
Cienfuegos	13
City Winery	58
Crif Dogs	129
Crow's Nest	87
D.O.C. Wine Bar	56
Dead Rabbit Grocery & Grog	12
Death & Company	12
Fat Cat	130
Frying Pan	86
Gallow Green	95
Harlem Tavern	66
Hofbräu Bierhaus NYC	65
J.G. Melon	99
Kettle of Fish	31
Le Birreria	65
Lexington Bar & Books	81
Loreley	66
Lucy's	114
Mayahuel	11
Mulholland's	31
Nevada Smiths	31
Peasant	58
Pier-i-Cafe	86
Plunge Rooftop Bar & Lounge	95
Pouring Ribbons	11
Press Lounge	96
Radegast Hall & Biergarten	67

Index

Roof Garden Café & Martini Bar	77
Rose Bar @ Gramercy Hotel	129
Ruby's Bar & Grill	88
Russian Vodka Room	131
Salon De Ning	96
Shalel Lounge	131
Subway Inn	113
The Ainsworth	31
The Ides	96
The Royal	31
The Ten Bells	58
Trash	114
Union Grounds	31
Upstairs	96
Upstate	36
Vazac's Horseshoe Bar (7B)	115
Vero	56
Village Pourhouse	31
Waterfront Ale House	129
Zum Schneider	67

CAVES À VINS

Appellation Wine & Spirits	53
Crush Wine & Spirits	53
Le Dû's Wines	53
Pasanella & Sons	54
Sherry-Lehmann Wine & Spirits	54
UVA Wines	54

PÂTISSERIES

Dominique Ansel Bakery	50
Lady M Confections	52
Momofuku Milk Bar	52
Sugar Sweet Sunshine	52
Two Little Red Hens	50

MODE ET BEAUTÉ

3x1	84
Aire Ancient Baths	101
Alexis Bittar	122
Atrium	83
Bang Bang NYC	71
Barbiere NYC	68
Barneys New York	124
Bergdorf Goodman	124
Bloomingdale's	124
Blue In Green	83
Body by Brooklyn	102
East Side Ink	71
Frank's Chop Shop	69
Freeman's Sporting Club	70
Great Jones Spa	101
Hickoree's Hard Goods	84
Ina	39
Inkstop Tattoo	72
Jean Shop	83
Milly	122
NY Adorned	72
Ohm Spa	102
Sacred Tattoo	72
Schutz	122
Self Edge	84
The Blind Barber	68
Three Kings	72
Tomcats Barbershop	70
Tommy Guns	70

CULTURE

192 Books	104
Angelika Film Center & Café	20
Artists Space	38
Drawing Center	38
Film Forum	20
Film Society	22
Landmark Sunshine Theater	22
Lincoln Center	120
Milk Studios	106
Moma Garden	129
Nighthawk Cinema	22
Paris Theater	20
Sleep No More	131
SoHo Gallery For Digital Art	38
Solomon R. Guggenheim Museum	128
Upright Citizens Brigade Theatre	106

MUSIQUE

Barbès	49
Beacon Theater	45
Blue Note Jazz Club	47
Bowery Ballroom	44
Downtown Music Gallery	94
Iridium Jazz Club	47
Mercury Lounge	45
Music Hall of Williamsburg	46
Rockwood Music Hall	44
Smalls Jazz Club	48
Smoke Jazz & Supper Club Lounge	48
Village Vanguard	49
Webster Hall	46

BOÎTES DE NUIT

Bespoke Musik	60
Cielo	59
Finale	59
Le Bain	59
Output	60
Southside	60

CIGARES

Club Macanudo	80
Diamante's Brooklyn Cigar Lounge	82
Merchants NY Cigar Bar	82
The Cigar Inn	80
Velvet Cigar Lounge	82

BOUTIQUES VARIÉES

Fairway	131
Kiosk	39
Korin	130
Opening Ceremony	39
Posteritati	94
Yunhong Chopsticks	94

DIVERS

Chelsea Piers	106
Rucker Park	128
Space Billiards	136
Staten Island Ferry	137

LES GUIDES DU CHÊNE

DES GUIDES PAS COMME LES AUTRES

Les Carnets de Sophie
Sophie Jovillard
Les meilleures découvertes et adresses de Sophie Jovillard en France.

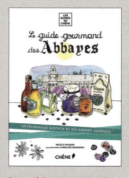

Le guide gourmand des Abbayes
Nicole Masson
Le guide pour allier curiosité culturelle et gourmandise.

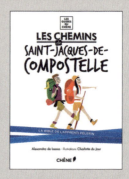

Les Chemins de Saint-Jacques-de-Compostelle
Alexandra de Lassus, Charlotte du Jour
La bible de l'apprenti pèlerin.

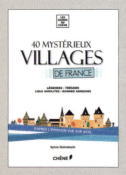

40 mystérieux villages de France
Sylvie Steinebach
Le guide des villages français les plus surprenants.

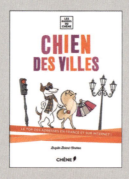

Chien des villes
Brigitte Bulard-Cordeau
Balade, loisirs, dressage, soins, look. Le guide malin des chiens citadins.

My Best Address Book
Chloé Bolloré, Laure Baubigeat
Le guide des meilleures adresses chic et branchées à Paris.

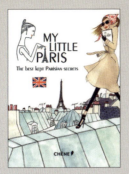

My Little Paris
My Little Paris, Kanako
The Paris only Parisians know!

My Little Paris
My Little Paris, Kanako
Les meilleures adresses secrètes et insolites des Parisiennes !

EXISTE EN VERSION ANGLAISE
EXISTE EN VERSION NUMÉRIQUE

My Little Lyon
My Little Lyon, Kanako
Un concentré d'adresses inédites et de bons plans signé My Little Lyon.

Paris for men
Thierry Richard, Aseyn, Juliette Ranck
The first city guide for men who love Paris.

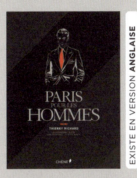

Paris pour les hommes
Thierry Richard, Aseyn, Juliette Ranck
Le premier *city guide* conçu pour vous, les hommes... qui aimez Paris et ses plaisirs.

EXISTE EN VERSION ANGLAISE
EXISTE EN VERSION NUMÉRIQUE

Paris de tous les plaisirs
Thierry Richard, Aseyn, Juliette Ranck
Le guide d'un Paris voluptueux où tous les plaisirs sont permis.

Paris à l'air libre
Lindsey Tramuta
Les meilleures idées réunies pour vivre à Paris (presque) comme à la campagne.

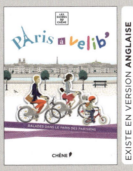

Paris à Vélib'
7 itinéraires cyclables pour découvrir Paris autrement.

EXISTE EN VERSION ANGLAISE
EXISTE EN VERSION NUMÉRIQUE

Paris by bike
Seven cycle routes for exploring Paris.

Guide de l'Italie à Paris
**Valérie Vangreveninge,
Pierre-Olivier Signe**

La *dolce vita* à Paris
en 150 adresses.

Guide du Japon à Paris
**Minako Norimatsu,
Pierre-Olivier Signe**

Le meilleur du Japon
à Paris en 150 adresses.

Guide des USA à Paris
**Noélie Viallet,
Pierre-Olivier Signe**

Le meilleur de New York et des
USA à Paris en 200 adresses.

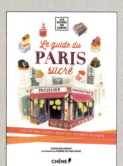

Le Guide du Paris sucré
**Caroline Mignot,
Pierre-Olivier Signe**

Le meilleur du sucré pour
se régaler à Paris !

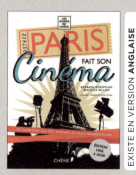

Paris fait son cinéma
**Barbara Boespflug, Béatrice
Billon, Pierre-Olivier Signe**

101 adresses mythiques qui
ont inspiré les plus grands
films à Paris.

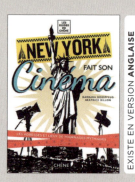

New York fait son cinéma
**Barbara Boespflug, Béatrice
Billon, Pierre-Olivier Signe**

60 adresses mythiques qui
ont inspiré les plus grands
films à New York.

Comme un camion
Serge Massignan

Le guide pratique
de la mode masculine.

The film lover's Paris
**Barbara Boespflug, Beatrice Billon,
Pierre-Olivier Signe**

101 legendary adresses that
inspired great movies.

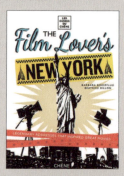

The film lover's New York
**Barbara Boespflug, Beatrice Billo
Pierre-Olivier Signe**

60 legendary addresses that
inspired great movies.

Remerciements

New York ne serait rien sans les New-Yorkais. Et ce livre n'aurait pu voir le jour sans ces personnes-là.

Merci à Fabienne Kriegel d'avoir accepté cette idée d'un voyage à New York à travers mes yeux, et à Volcy Loustau pour sa patience et son aide pendant ce processus. Un énorme merci aussi à Jérôme Layrolles pour son soutien, du début à la fin.

Merci à James, mon petit frère et mon meilleur ami, qui m'a aidé à chaque étape, et pas seulement avec ce livre ! *I love you, lil buddy!*

Merci à Robert et Laura London, mes confidents, qui ne sont jamais bien loin de mon cœur.

Merci à Rocky et Dusty, non seulement pour les belles images qui accompagnent ce livre, mais pour plus de dix ans d'amitié extraordinaire.

Et puis mon équipe, mes amis New-Yorkais, ces fous de la ville qui ont partagé avec moi les endroits qui font ce livre et qui font vibrer cette ville. Sans eux New York n'aurait pas la même énergie, et moi je ne serais pas qui je suis. *You guys know who you are.* Merci !

Ce livre, c'est pour ma mère.
Sans elle, rien de tout ça n'aurait été possible.

© Éditions du Chêne - Hachette Livre, 2014
www.editionsduchene.fr

Édition : Volcy Loustau
Directrice artistique : Sabine Houplain assistée de Claire Mieyeville
Conception et réalisation graphique : Gaëlle Junius
Illustration de couverture, illustrations des pages 15, 110-111, 132-133 : © Aseyn
Photographies : © Alex Ramniceanu, © David Brodeur
Lecture-correction : Mireille Touret
Fabrication : Marion Lance
Photogravure : Quat'Coul
Partenariat et ventes directes : Mathilde Barrois
mbarrois@hachette-livre.fr
Relations presse : Hélène Maurice
hmaurice@hachette-livre.fr

Édité par les Éditions du Chêne
(43 quai de Grenelle, 75905 Paris Cedex 15)
Achevé d'imprimer en septembre 2014
par Estella Graficas en Espagne
Dépôt légal : septembre 2014
ISBN 978-2-81231-078-2
54/4446/3-01